KB233112

스마트 시대
정보보호 전략과
법 제도 Ⅰ

Security Key Issues

정보보호 연구시리즈 I

스마트 시대 정보보호 전략과 법 제도 I

Security Key Issues

김범수 외 13명 공저

한국학술정보(주)

　　　　　　　　　IT 기술의 발전과 스마트 모바일 시대의 도래로 요즘은 사회구성원 누구나 온라인상에서 쇼핑, 교육, 금융, 통신 등 다양한 서비스를 손쉽게 이용할 수 있게 되었고, 과거보다 훨씬 더 많은 일들을 보다 능률적으로 처리할 수 있게 되었다. 국내에서 스마트폰 및 스마트패드를 사용하기 시작한 것이 불과 얼마 되지 않지만, 이러한 장비의 사용은 개개인이 컴퓨터를 항상 휴대하고 언제, 어디에서나 사용할 수 있도록 컴퓨터 이용 환경과 문화를 총체적으로 바꾸었다.

　이렇듯 컴퓨터와 네트워크, 스마트 기기의 등장으로 업무 편리성, 신속성 및 효율성 측면에서의 업무 환경과 관련한 패러다임을 바꾸어 놓았지만 적지 않은 부작용도 초래하고 있는데 그 부작용 중의 하나가 중요한 정보의 불법적인 유출 및 사이버 테러가 빈번하게 발생하는 것이다.

　정보보호의 큰 한계 중의 하나는 방어 및 보호 수단이 발달함에 따라 공격 수단과 그 방법도 더욱더 고도화되고 있다는 점이다. 100% 정보보호 위협으로부터 자유로워질 수 있는 방어 방법은 없다고 하여도 과언이 아니다. 특히, 금융계 N사 사건에서도 드러나듯이, 특정 목표에 대해서 오랜 기간 동안 지속적으로 많은 노력과 자원을 투입하여 공격(소위 APT 공격)하는 경우, 그 방어는 너무나 허술하고 약해 보일 수밖에 없다.

대규모의 보안 사고와 정보보호의 문제가 지속적으로 발생하는 것과 때를 같이하여, 정부와 주요 기업, 언론 및 방송에서 관련 문제의 심각성을 전국적으로 많은 사람들이 인식하도록 노력하고 있다. 이러한 시점에서 연세대학교 정보대학원에서 뜻을 함께하는 젊은 연구원들이 모여서 현재의 다양한 정보 유출 사례와 더불어 스마트 모바일 시대에 접어들어 첨단 기법을 활용하는 새로운 보안 사고의 유형과 그 대응방안에 대해 알아보았다.

이 책에서는 최근 기업에서 발생하는 보안 사고의 대응 방안에 대하여 "정보보호 환경 변화에 따른 기업의 새로운 전략적 대응"(김범수), "내부자의 정보유출 방지 방안"(최동헌, 이주영), "정보보호관리체계(ISMS) 추진 방안"(김우현, 장지화) 등으로 설명하였다. 페이스북, 트위터 등과 같은 소셜 네트워크 서비스(SNS)와 관련한 정보보호의 주요 유형과 대응정책에 대하여 "SNS에서의 정보 파놉티콘과 정보의 양면성"(김지혜), "SNS 보안사고 주요 유형 및 대응정책"(김현수, 손정은) 편에 정리하였다. 또한, 기술 및 정책적 측면에서의 정보보호와 관련하여 "DDoS 공격 유형과 대응 방안"(이선경), "인터넷 보안 강화를 위한 ActiveX의 대체방안 연구"(김택겸, 이충훈), "IT 융합서비스 환경에서 IPTV 정보보호 취약점"(김성준), "i-PIN 서비스 현황 및 활성화 방안"(조태희), "지능형 전력망 도입과 사이버보안 전략"(이상근) 등의 이슈를 위주로 설명하였다.

2011년은 연세대학교 정보대학원에 지식서비스보안 과정이 새로

시작된 해이다. 이 과정은 지식경제부, 정보통신산업진흥원, 한국인터넷진흥원의 지원과 기획으로 10여 명의 석사과정 학생이 전원 전액 국비장학생으로 정보보호와 관련된 기획, 전략, 컨설팅을 공부하며, 국제적 감각을 갖춘 우수한 IT전문가로 거듭나는 프로그램이다. 아직 첫해라 졸업생이 배출되지 않았지만, 졸업 후에는 관련된 우수 기업에서 근무하도록 취업도 보장되어 있고, 방학 중에는 Research Fellow로 선정된 기업에서 인턴십을 수행하는 인재양성을 위한 맞춤형 산학협력 프로그램이다. 우수한 학생들이 입학하였기에, 첫 학기부터 국내외 학회 및 학술지에 논문을 게재하고 발표하고 있다. 이러한 여건은 우수한 인재를 목말라 하던 정보보호 분야에 희소식이라 할 수 있다. 이 책의 출판에도 이 프로그램의 학생들이 참여하였다.

정보보안, 정보보호라는 영역은 상당히 오랜 시간 우리가 학문적으로 또한 실무에서 고려하였던 영역이나, 최근의 금융권·IT업계에서의 직·간접적인 피해가 발생하고, 이와 관련된 보도가 정보보호에 대한 국민 인식의 획기적인 전환 등으로 이어지고 있다. 정보보호에 관련된 일반인의 관심 수준이 예전과 비교될 바가 안 될 정도로 높아지고 있는 현 시점에서, 이 책이 정보보호를 보다 쉽게 이해하고 미래에 닥칠 수 있는 위험에 슬기롭게 대처하고 준비하는 데 일조할 수 있었으면 하는 작은 바람을 가져 본다.

2011. 12.

김 범 수

목 차

I

정보보호 환경 변화에 따른 기업의 새로운 전략적 대응

요약

최근 기업에서 발생하는 보안 사고를 보면, 하나의 기업이나 정보시스템을 대상으로 장기간 집요한 연구와 분석을 통해, 상당한 피해를 입히는 유형이 자주 등장하고 있다. 그러나 공격을 통한 이익이나 명성 등을 추구하는 기존의 공격과는 상이하게, 그 이익이나 목적이 뚜렷하지 않은 특징을 가지고 있다. 그 결과, 공격자가 누구인지 왜 공격하였는지 파악하는 데 어려움이 가중되고 있다. 특정 목표를 지목하고 지속적인 연구와 투자를 통한 사이버 공격을 방어하기 위하여 우선 현재의 방어 및 예방 기법과 관리 체계가 적절한가를 재검토할 필요가 있다. 또한 2011년 9월 말부터 시행된 개인정보보호법과 한층 높아진 일반인의 정보보호에 대한 관심을 반영한 제도의 정비가 필요한 시점이다. 규제를 피하기 위한 형식적 수준의 보안 투자가 아니라, 신뢰를 형성하고 지속적인 경쟁력 확보를 위하여 보안 점검과 투자가 이루어져야 한다.

외부전문가에 의한 공격 유형의 변화

최근 발생한 금융기관의 보안사고 및 기타 대형 개인정보유출 사고를 돌아보면, 지금까지 기업에서 추진하고 있는 정보보호관리체계(ISMS)가 과연 적절하게 잘 구성되고 시행되고 있는지에 대한 의문을 낳게 한다. 또한, 현재 기업의 정보관리 패러다임의 변화에 따른 재검토가 필요한 시점이라는 의견이 피력되고 있다.

우선, N금융기관에서 발생한 사고의 경위와 내용을 검토해 보면 다음과 같은 특징을 요약해 볼 수 있다. 우선, 외부전문가에 의한 내부에서의 시스템 공격이 발생하였다. 외부에 있는 공격자가 기업 시스템에 접근하고 이를 통제하기 위하여 해당 기업의 시스템을 목표로 장기간 해킹을 하였다. 그 결과, 외부 공격자가 내부 전문가가 가지고 있는 수준의 지식을 습득하고 마치 최고관리자가 시스템을 관리하는 것처럼 내부에서 시스템을 공격하였다. 그 결과, 상당히 장시간 중요 시스템이 마비되어 기업에 대한 신뢰가 실추되고, 수많은 기업과 개인 고객이 불편을 감수해야 하는 대형 사고가 발생하였다. 이번 사고 뒤에는 외부의 전문가가 6개월 이상 장기간 시스템을 해킹하고, 접속하면서 내부전문가만이 알 수 있는 IT시스템에 관련된 많은 내용과 최고관리자의 접근 권한을 습득하는 준비과정이 있었다. 특정한 시스템을 대상으로 지속적인 공격을 하는 것은 뚜렷한 목표를 수립하고, 체계적인 노력과 지원이 뒷받침되어야 하는 일이기에 지금까지 있어 온 외부 전문가의 공격 시나리오와는 사뭇 다른 형태의 새로운 공격 유형이다. 그간 대형 사고가 내부전문가에 의하여 발생하였고, 비교적 외부공격자에 의한 피해의 횟수는 많았지만, 그 피해는 상대적으로 적었다. 이러한 내부와 외부 공격자의 구분과 차별화된 관리는 현재와 같은 공격 유형에서는 그 의미가 크게 쇠퇴한다. 오히려 외부공격자가 내부전문가만큼 회사의 시스템에 대한 정보와 기밀을 습득할 수 있다는 점을 간과하면, 이번 같은 사태가 발생할 수 있음을 유념하여야 한다.

둘째, 공격의 목적이 명확하지 않다. 기존의 외부 전문가에 의한 공격 형태와 해커의 동기 요인 등을 분석하면, 대부분의 해커는 호기심, 자기과시, 성취감, 명예, 지식 및 자산의 습득, 경쟁우위 확보, 금전적 이익 등을 목적으로 해킹을 시도하는 것임이 나타난다. 각 개인이나 일반인이 특정한 시스템의 일시적 정지 및 파괴를 위하여 수개월 동안 노력과 시간을 투입하였다고 판단하기에는 논리적으로 모순이 있어 보인다. 즉, 이러한 판단은 시스템 공격자의 의도를 너무나 일상적이거나 과소하게 평가하는 것이 아닌가 염려된다. 기업이나 국가의 직원으로 임무나 역할을 부여받고 조직적으로 관리하며 이를 수행하는 전문가에 의한 공격의 가능성이 오히려 신빙성이 높아 보이는 대목이다. 미국 등 외국의 사례와 해킹 동향에 관련된 연구 보고서를 살펴보면, 정치적·군사적·문화적인 목적으로 해킹을 시도하는 경우가 늘어나고 있고, 이러한 변화에 적극적으로 대처하는 방안이 모색되어야 함을 강조하고 있다. 국가나 정치, 경제시스템의 파괴를 통한 사회 혼란이나 마비를 목적으로 한 공격이 많아지고 있다는 사실에 유의하여야 한다. 외부 해커 등 전문가가 시스템 공격에 투자하는 노력과 기술적 지원이 점차 더 고도화되고 전문 직업화되고 있음을 고려하여 보안제도와 정책을 강구하여야 한다.

또한, 지난번 공격이 향후 전체 금융망이나 국가 주요 인프라 시설에 대한 공격을 위한 사전 예행연습일 가능성도 배제하기 어렵다. 이러한 것이 사실이라면, 지금까지 각 기업에서 나름대로 스스로 자사의 IT인프라를 보호하고 외부침입으로부터 방어하려는 노력만으로는 기대하는 실질적인 효과를 거두기에는 한계가 있다. 즉, 기업 간의 협력과 공조, 각 산업별 대응, 또는 국가 전체 수준에서의 정보보호 대책 수립과 운영이 요구된다.

셋째, 공격자 확인의 어려움이다. 경제적인 이유로 시스템에 침입을 하는 경우, 금전적 이익을 챙기기 위하여 해당 기업이나 기관에 연락을 취하는 것이 보편적이다. 이러한 과정이나 접근 로그 분석을 통하여 공격자의 거취나 위치, 유형 등을 판단하는 근거로 삼을 수 있다. 그런데, N사 사건의 개요에서 볼 수 있듯이 이번 사건의 경우 처음 며칠 동안에는 이 공격자가 외부전문가인가, 내부자에 의한 사건인가에 대한 확인도 불가능하였다. 시스템 상시 접근성이 신뢰를 바탕으로 한 금융 산업에서는 필수적 요소이다. 자신의 돈과 신용을 믿고 맡겨야 하는 금융시스템이 해킹에 의해 장시간 작동하지 않는 초유의 대형 사건이 발생한 것이다. 사고의 규모와 피해 등을 고려할 때, 내부 정보를 잘 알고 있는 직원 또는 퇴직한 전문가에 의한 사고의 발생 가능성이 가장 유력하였다. 이러한 이유로, 시스템에 대한 주요 정보에 대해 잘 알고 있는 내부 관계자들이 주요 용의자로 지목된 것은 어떻게 보면 당연하다 할 수 있겠다. 결국, 며칠이 지나서야 수집된 로그 기록 등을 토대로 내부전문가처럼 시스템에 대해 잘 파악하고 있는 해외에서 접근한 외부 해커에 의한 것으로 공격자가 추정되었다. 그러나 공격자가 구체적으로 누구인가까지 밝히는 일은 국제 간 협력이 쉽지 않은 현 시점에서는 거의 불가능한 일이다. 공격자를 구체적으로 파악하는 것은 공격 목적의 이해와 향후 방어에 많은 도움이 된다. 또한 공격자가 이러한 사실을 알고 추적을 하지 못하도록 관련 데이터 삭제를 위해 다양한 수단을 동원하고 있다. 미래에 공격자를 확인하기는 더욱 어려워진다고 볼 수 있다.

〈표 1〉 N사 금융 시스템 장애 사건의 개요

- 4.12. 16:50, 공격 명령 실행 　　　　16:51, 서버장애발생 최초 인지 　　　　17:00, 서버장애발생 확인 　　　　17:10, 공격 노트북의 IP 파악 　　　　17:29, 서버 shutdown 시작 - 4.13. 12:40, 지점 창구거래 정상화 - 4.14. 02:00, 자동화기기 거래 복구 - 4.30.　　　신용카드 및 인터넷거래 복구 - 5. 3.　　　서울중앙지방검찰청 발표

출처: 대검찰청 사건 발표 자료(2011.5.)

02
외부공격에 대한 방어체계의 점검과 대응

최근 발생한 시스템 및 서비스 중단 사례는 기존의 정보보호 및 보안 관리체계 적용의 한계를 검토하여, 각 기업에서의 보안 수준 향상을 위한 제도적 대안과 시사점 도출에 좋은 소재가 된다.

1) 재난복구시스템의 운영과 활용

금융기관 및 중요 시스템을 운영하는 기업에서는 재난복구시스템을 운영하고 있다. 이러한 시스템이 실질적으로 잘 운영되고 있는지에 대한 점검이 필요하다. 현재 재난 및 재해 복구 시스템 등은 화재,

수해, 지진 등 특정 장소에서 물리적으로 일어나는 사고 대응 위주로 체계가 갖추어진 곳이 많다. 이러한 시스템의 용량과 성능을 획기적으로 개선하여, 비정상적인 접근에 의한 시스템 파괴에 대한 복구에 활용될 수 있도록 하여야 한다. 즉, 내부나 외부 공격자에 의한 논리적 공격이나 기술적인 공격이 발생하여 주 시스템이 파손되는 경우에, 재난복구시스템에 의한 복구가 가능하도록 예산 및 투자의 재검토가 필요하다고 할 수 있다. 특히, 기업 현장에서 논리적 공격과 파괴에 대한 분석과 비정상적인 업무처리에 대한 모형의 개발 수준이 높지 않다. 이에 대한 적극적 관심과 투자가 필요하다.

2) 사고 발생 시 대응체계 및 거버넌스

사고가 발생 후 기업의 최고경영자마저도 외부 방송과 미디어를 통하여 사고의 발생과 그 피해 사실을 알게 되었다고 언론에 밝히는 것은 대응체계의 운영의 실질적 효과에 의문을 가지게 하는 부분이다. 또한, 사고 책임과 대응의 최고 핵심에 대표(CEO), 정보시스템담당 최고임원(CIO), 또는 운영담당 최고 임원(COO) 등의 중요 임원 중 누가 그 역할을 수행하는 것이 올바른지에 대한 검토와 고민이 필요하다. 즉, '정보보안의 책임은 CIO에게 있으므로, 당연히 이 문제는 CIO가 책임지고 해결해야 할 것이지, 대표가 책임지거나 나서서는 안 된다.'라는 견해는 H사의 경우에 개인정보유출사고가 발생하자 대표 이하 주요 임원이 사과하는 성명과 방송을 내보내는 것과, 또한 애플사에서 위치정보저장에 대한 의견 해명을 위해 병석에 있는 스티브 잡스가 직접 나서서 설명을 하는 등의 접근 방법과는 상당한 차이를 보인다고 할 수 있다.

대응 방법 및 책임자의 선정은 사고의 규모, 영향, 특성에 따라 그 책임자가 달라질 수 있다. 최근 주요 사건을 검토해 보면, IT담당 및 지원을 책임을 맡고 있는 임원 혼자서 기업의 생산, 마케팅, 영업, 기획, 운영 등의 시스템과 체계에 영향을 주는 주요 의사결정을 취할 수 없다. 결국 회사 운영 및 근간 비즈니스사안에 대한 의사결정권을 가지고 있는 임원, 즉 기업지원에 한정된 IT임원보다 상위수준의 책임과 권한이 부여된 임원이나 대표가 그 사고 대응책임의 중재 및 의사결정자 역할을 수행하는 것이 바람직하다.

3) 물리적, 관리적, 기술적 보안 체계의 재점검 및 이행

금융기관은 전통적으로 일반인의 높은 신뢰를 기반으로 비즈니스를 운영하고 있다. 이러한 신뢰의 기반을 이어가는 데 안정화된 시스템의 운영과 잘 보호된 제도의 운영은 당연시되어 왔고, 실질적으로 고객이나 감독기관에 의해 요구되어 왔던 것 또한 사실이다. 그런데 이번 사고를 검토해 보면, 관련 제도의 마련, 인력의 확보, 교육과 훈련의 이행, 담당 직원의 인식 등 어느 하나 문제가 되지 않는 영역이 없다. 주요 금융기관의 보호 수준이 이 정도라면, 국내 다른 기업에서 정보보호 및 보안을 위한 제도의 실질적 이행 수준을 가히 가늠하고 남을 수 있다. 그동안 사전진단, 안전진단, 정보보호관리체계(ISMS) 등 각종 진단 및 인증체계의 개발과 이를 통한 점검이 이루어져 왔다. 점검과 진단 과정에서 적용하는 수준이 원래 사업의 취지와 목적대로 수행되고 있는지 다시 한번 검토할 필요가 있다. 이를 수행하는 전문가들도 공격에 노출된 위험이 비교적 낮거나 잘 보호되어 왔다고 가정한 상태에서 형식적인 점검을 하는 것이 아니라, 사회 주변 환경의 변화로 각 기업이 보다 높은 수준의 위험에 노출되어 있다고 평가하고 이에 따른 물리적, 관리적, 기술적 보안 체계의 상태를 점검하고 개선하는 노력이 필요하다.

이번 사건에서도 볼 수 있듯이, 아직 알려지지 않은 악성코드를 이용한 공격이나 기존 공격을 변경한 새로운 형태의 공격은 기존의 보안 체계 및 시스템으로 기술적으로 탐지하기는 쉽지 않다. 그러나 물리적, 논리적, 기술적, 관리적 보호 조치가 복합적이고 지능적으로 적용되는 경우는 그 피해의 가능성을 낮을 수 있는 가능성이 높아진다. 물론 대응체계 및 대안의 복합적 적용이 그림에 보이는 것처럼 적절한 수준에서 유지될 수 있도록 관리가 필요하지만, 현재 고위험에 노출된 기업에서는 대체 제도와 기술에 대한 추가적 투자가 요구된다.

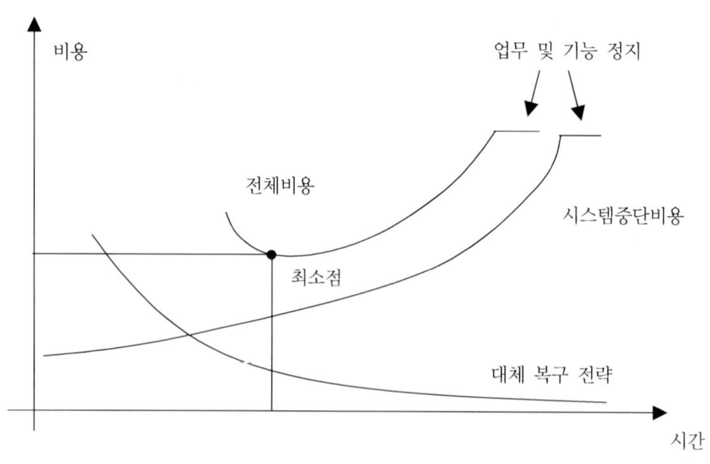

〈그림 1〉 대체 관리 정책 적용 비용과 시간

03

개인정보 유출 등에 따른 사고의 현황과 대응

1) 개인정보 유출에 대한 국민의 관심 고조와 개인정보보호법 시행

    기업에서 관리하는 IT 인프라 및 자산 중에 최근 보호에 대한 필요와 의미가 더 강조되는 부분이 있다. 개인의 주민등록번호, 사용자번호 등 주요 식별정보와 전화번호, 주소, 거래 내역 등 개인에 관한 정보의 소유 및 관리의 권한은 그 정보를 수집, 관리, 이용하는 정보처리자인 기업에만 있는 것이 아니다. 그 정보와 직접적으로 연계되는 개인의 기본적 권리의 하나로 개인정보의 자기결정권 또는 이용, 관리, 삭제 등 처리에 대해 알고 권리를 행사할 수 있는 권한이 있으므로, 어떻게 보면 기업이 고객의 기본자산 및 권리를 이용하는 형태이며, 이에 따라 권한을 위임받거나 허가받지 않은 상태에서 수집, 처리, 이용, 변경, 삭제 등은 개인의 기본적인 권리의 침해로 형사상 민사상 책임을 물 수 있다.

그간 개인 정보의 유출 사고는 그림에서 볼 수 있듯이, 매년 방송 및 언론 매체에 자주 등장하였고, 이에 대한 개인의 인식과 관심 수준도 높아졌다. 이는 한국인터넷진흥원을 통하여 프라이버시 침해사고의 신고건수의 증가만 보더라도 쉽게 짐작할 수 있다.

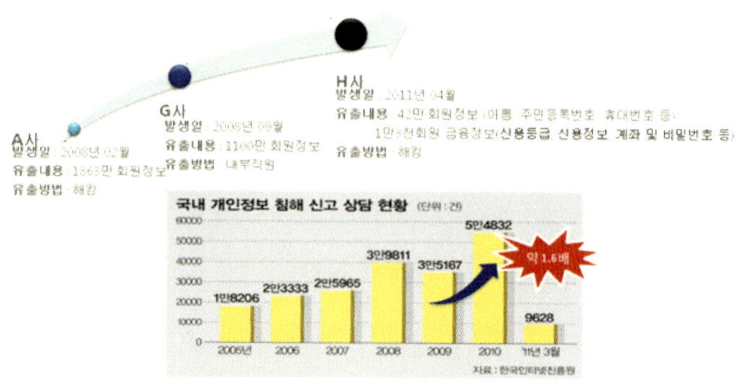

〈그림 2〉 최근 개인 정보 유출 사고 및 신고 사례

이러한 국민의 관심과 우려를 반영하여 지난 3월 개인정보보호법이 국회에서 통과되어 공포되었고, 오는 9월 30일부터 발효가 된다. 2000년대 중반 국회에 상정되어 상당히 오랜 기간 국회에서 진통을 겪고 나서 통과된 이 법은 국민의 개인정보보호를 위하여 대통령산하의 '개인정보보호위원회'라는 독립된 기구를 설치하고, 공공기관, 기업, 비영리단체 등 개인정보를 수집 관리하는 대부분의 기관에서 따라야 하는 법이다.

그 주요 특징을 살펴보면, 개인정보를 처리하는 기관에서 물리적·기술적·관리적 보호조치를 강구하도록 하고, 개인정보가 유출되었을 때 관련 기관과 해당되는 개인에게 통지를 의무화한 '개인정보유출 통지제도'와 집단분쟁조정, 개인정보단체소송, 공공기관에서 개인정보영향평가, 영상정보처리기기에 대한 규제 등이 포함되어 있다.

2) 개인정보보호법에 따른 기업의 정보보호 절차 및 제도의 마련

기존 「정보통신망 이용촉진 및 정보보호에 관한 법률」은 통신사업자와 일부 준용사업자에 대한 정보보호 의무를 강조하였지만, 새로운 법에서는 요구되는 물리적·기술적·관리적 보호조치를 공공기관 모든 기업에서 준수하도록 요구하고 있다. 또한 벌칙에서 다른 법에 비해 상당히 강한 처벌의 강제를 규정하고 있다. 법률의 공포로부터 시행까지의 준비기간이 6개월에 지나지 않아, 당장 모든 기업에서 정보보호에 대한 점검 및 법 집행은 어려울 것으로 보이나, 그동안 관련 제도를 마련하지 않은 기업에서는 이에 대한 준비를 서둘러야 한다.

개인정보보호법에서 새로운 제도의 하나로 소개된 개인정보유출 통지제도는 아직 유럽국가에서는 의무화되지 않고, 미국에서도 각 주별 또는 산업별로 추진되는 제도로 그 효과와 각 기업에서 적용방법 및 기술에 대한 제도적 검토가 더 필요한 부분이라 하겠다. 개인정보의 유출사고가 발생하였을 때 각 개인에게 통보가 되면, 개인이 스스로 제2, 제3의 사고를 방지하기 위한 적극적인 조처를 취할 수 있다는 장점이 있지만, 기업의 측면에서는 관련된 피해의 복구 및 청구를 요청하는 소송의 대상을 명확히 하고 그 책임의 소재를 적극적으로 밝히는 결과가 된다. 이에 그 통지 방법, 시점, 절차, 제도 등에 대한 내부의 전담팀뿐만 아니라 외부 전문기관의 신중한 제도의 검토와 점검을 통한 절차의 마련과 이행이 필요하다. 아래의 그림과 같은 개인정보의 라이프사이클을 고려한 생태계 전체의 유출통지제도 프레임워크 검토를 통한 절차의 마련이 가능하다.

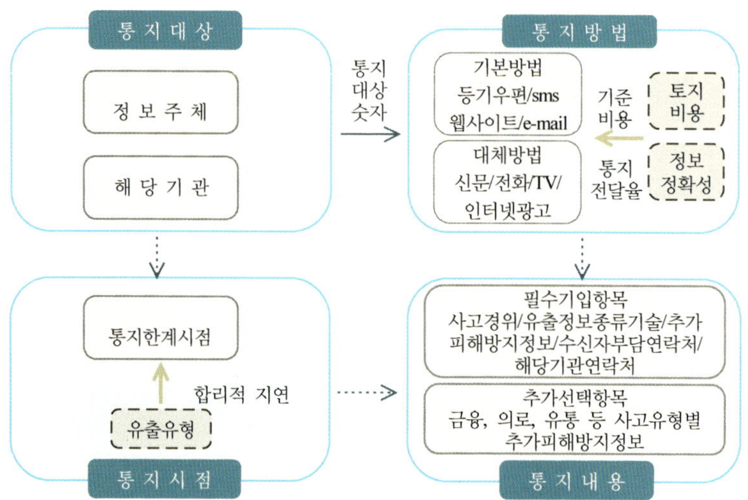

〈그림 3〉 개인정보유출통지 절차 프레임워크

3) 기업의 정보자산 보호를 위한 전략적 제도와 시사점

최근 발생하고 있는 다양한 사고와 법률 제도, 국민의 인식 변화 등 환경의 변화를 반영하고, 기업의 전략적 의사결정과 경쟁력 확보, 고객 및 이해당사자의 신뢰를 확보해 나가기 위해서는 정보보호에 대한 전략적 우선순위, 제도의 실질적 효과, 관리제도의 개선, 거버넌스 체계의 확립, 직원의 인식 개선 등이 우선적으로 추진되어야 한다.

증대된 위험과 새로운 변화에 발맞추어 새로운 제도 및 프레임워크를 개발하여 적용하려는 시도가 추진되고 있다. 이러한 접근에 앞서 지금까지 개발되어 왔고 운영되고 있는 보안 및 관리, 감사 등의 다양한 제도가 본래 제도의 취지와 목적을 제대로 반영하여 기업 내에서 실시되고 있는지의 재점검과 이에 따른 수정사항의 이행이 신결되어야 한다. 물론, 일부 부문에서는 기술적 문화적 환경의 변화에 따른 새로운 관리기법 및 현행 기법의 수정도 추가적으로 필요하다.

현실적으로 기존의 정보보호 및 IT시스템 관리를 위하여 개발된 위험관리, 조직의 권한관리, 거버넌스 체계, 예방 및 진단 체계의 수립, 대응 체계의 구축과 운영 등의 재조명과 명목상 적용이 아니라 실질적 활용이 필요하다. 즉, 규제를 피하기 위한 형식적 보안에 대한 제도적 시스템적 투자가 아니라, 신뢰를 형성하고 지속적인 경쟁력 확보를 위한 보안 점검과 투자가 이루어져야 한다. 실질적 보안 수준의 향상을 통하여 대한민국 기업이 처한 보안 위험이 낮아지고 궁극적으로 신뢰가 높아질 수 있다. IT강국이라는 면모에 걸맞은 정보보호활동으로 세계 경제인의 모임에서 정보보호활동의 우수 관리 모델을 굴지의 해외 기업이 우리 기업에서 배워 가는 현상이 생기는 것을 기대해 본다.

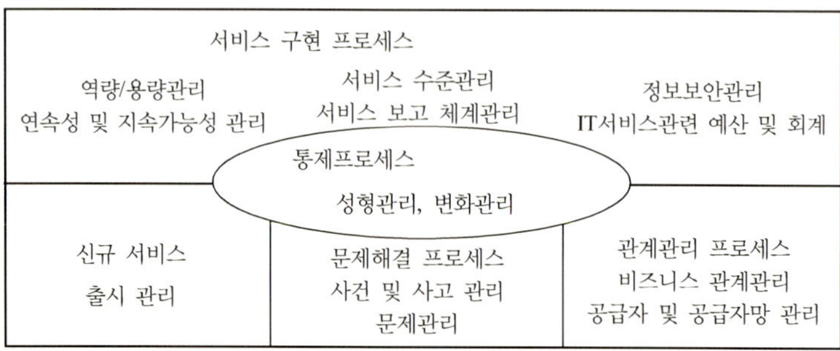

출처: ISACA, CISA Review Manual 2011.

〈그림 4〉 ISO 관리체계의 예

참고문헌

ISACA (2011), Certified Information Systems Auditor Review Manual 2011, ISACA.

Jaquith, A. (2007), Security Metrics: Replacing Fear, Uncertainty, and Doubt, Addison Wesley.

Kovacich, G. L., Halibozek, E. P. (2003), Manager's Handbook for Corporate Security, Butterworth-Heinemann.

Ⅱ

내부자의 정보유출 방지 방안

요약

그동안 기업들은 정보보호 및 보안사고 예방을 위하여 직원에 대하여 교육투자를 지속적으로 해 왔음에도 내부자에 의한 정보유출은 지속적으로 발생함에 따라 정보유출을 막을 수 있는 방안들에 대하여 검토할 필요성이 있다.

정보유출의 요소를 정보, 내부자, 유출수단으로 분류한 후 개념 등을 살펴보았다. 보호대상의 가치가 있는 정보와 그동안의 문헌에서 산재된 내부자의 개념에 대한 범주를 하나로 묶었으며, 유출수단을 온라인 수단과 오프라인 수단으로 구분하고, 이에 오프라인 수단을 아날로그적 수단과 디지털 수단으로 구분하여 각 개념들을 살펴보았다.

정보유출방지 방안에 대하여 정책적 또는 관리적 측면의 방안에 대하여 문헌을 살펴보았으며, 기술적 측면의 방안을 다시 정보유출의 세 가지 요소 측면에서 살펴보았다. 내부자 요소 측면에서는 접근통제, 정보요소 측면에서 정보의 존재위치에 따라 DB암호화 방안과 DRM방법, 유출수단 요소 측면에서 온라인 수단과 오프라인 수단에 대한 차단 지향적 방안과 DLP에 대하여 알아보았다.

이러한 방안들은 정보의 보호와 정보의 활용을 보안에 어느 정도 반영하느냐에 따라 정보유출 차단에 가장 큰 비중을 둔 방안과 정보의 활용성과 보호를 감안한 방안으로 크게 두 개의 부류로 나눌 수 있다. 전자에 포함되는 것으로 정보요소에 대한 방안 중에서 DB암호화와 문서암호화가 있으며, 유출수단 요소의 방안 중에서 유출 통로를 완전히 차단하는 차단 지향적 방식이 있다. 후자에는 유출수단 요소에 방안 중에서 DLP에 관련된 것이 속한다. 이처럼 정보유출을 방지한다는 목적은 같으나 보안의 강도, 정보의 활용과 보호의 조화 측면에서는 그 성격을 달리하고, 각각의 방안이 장점과 단점을 가지고 있어 어느 하나의 방안으로 정보 유출을 완전히 차단할 수 있다고 말할 수 없는 만큼 정보유출과 관련된 제품의 도입 시 기업 문화 및 기업이 추구하는 방향에 맞추어 선정하는 것이 바람직할 것이다.

01

서론

기업 내 중요정보의 유출은 오늘날 기업체들이 직면한 가장 두려운 일 중 하나이다. 최근 2010 Cyber Security Watch Survey(2010)에 의하면 2009년 한 해 동안 발생한 보안사고 중 26%가 내부자에 의해 발생한 것이라고 밝혔다. 또한 조직의 정보나 데이터 유출은 외부자 침입에 의한 것보다 내부자의 침입에 의해서 발생하는 경우가 많다. KPMG(2010)의 조사에 따르면 2007년 이후 내부자에 의한 데이터 절취 사건이 3배 이상 증가하였고, IDC(2006)의 조사에서는 보안사고의 60% 이상이 내부자에 의해 발생하였다.

엄정호 외 2인(2010)은 카네기 멜론 대학의 연구소에서 내부자 침입이 다음과 같은 유형으로 발생한다고 밝혔다고 하였다. 내부자가 개인적인 이익을 위해 기업의 기밀사항 또는 중요한 정보를 변경하거나 유출하는 경우와 고객의 거래 및 개인정보를 통해 사업의 이득을 얻거나 외국정부/조직에게 제공하기 위하여 유출하는 경우, 조직 내부의 네트워크, 시스템, 데이터 등을 기술적으로 정교하게 파괴하는 경우로 보고 있다.

실제 기업 관련자에 의한 최근 유출사례를 보면, 2011년 4월에 구찌 미국지사에서 해고당한 IT담당자가 서버 및 네트워크를 다운시키고 데이터를 삭제시킴으로써 약 20만 달러의 피해가 발생하였으며, 2011년 2월에는 국내의 모 금융회사의 아웃소싱업체인 ATM 운송 폐기업체가 약 2천여 만 건의 개인금융정보가 수록된 폐기대상인 ATM 하드디스크를 유출하기도 하였다.

그동안 기업들은 정보보호 및 보안사고 예방을 위하여 직원에 대하여 교육 투자를 지속적으로 해 왔음에도 내부자에 의한 정보유출은 지속적으로 발생하고 있어, 정보유출을 막을 수 있는 방안들에 대하여 검토할 필요성이 있다.

우선 내부자의 정보유출의 요인을 유출의 대상인 "정보"라는 요소와 유출자인 "내부자"라는 요소 및 "유출의 수단(또는 경로)"라는 요소로 분류하고 각 요소에 대하여 개념 등에 대해 문헌을 찾아 정립한 후, 관리적이 측면에서 정보유출 방지 방안과 기술적인 측면에서 세 가지 요소별 정보유출 방지 방안 또는 요소들을 결합한 정보유출 방지 방안에 대한 문헌을 검토하고자 한다.

정보유출의 요소

1) 정보

(1) 정보의 가치

정보의 가치를 보호의 기준에 따라 나누자면 보호해야 할 가치가 있는 민감 정보(Sensitive Data)와 일반적인 정보로 나눌 수 있다. 민감한 정보는 보호할 가치가 있는 기업내부의 정보로써, 「자본시장과 금융투자업에 관한 법률」에서는 내부정보를 "법인의 업무 등과 관련하여 투자자의 투자판단에 중요한 영향을 미칠 수 있는 정보로서 일반에게 공개되지 않은 정보"라고 정의하며, 「산업기술 유출방지 및 보호에 관한 법률」에서는 산업기술을 "기존제품의 원가절감이나 성능 또는 품질을 현저하게 개선시킬 수 있는 기술, 기술적·경제적 파급 효과가 커서 국가기술력 향상과 대외경쟁력 강화에 이바지할 수 있는 기술"이라고 정의하고 있다. 그리고 「부정경쟁방지 및 영업비밀보호에 관한 법률」에서는 영업비밀을 "공공연히 알려져 있지 아니하고 독립된 경제적 가치를 가지는 것으로서, 상당한 노력에 의하여 비밀로 유지된 생산방법, 판매방법, 그 밖에 영업활동에 유용한 기술상 또는 경영상의 정보"로 정의하고 있다.

민감 정보에는 개인정보보호법과 같이 국가적 규율에 따라 조직에서 보호가 강요되는 주민등록번호, 신용카드 번호, 연락처, 건강정보 등의 법적 준수사항과 코카콜라의 제조법 등과 같은 기업의 영업비밀이 속하는 지적 재산(intellectual property)이나 기업의 정보를 내부의 의사결정 등 내부적인 용도로 사용되는 경우와 기업이 관계를 맺고 있는 다른 조직과의 협력 등 외부와의 커뮤니케이션에 사용되는 경우 등 사용 용도별로 구별할 수도 있다.

(2) 정보의 존재형태

민감한 정보는 지식관리시스템, ERP시스템 등 기업에서 운영하는 서버에 존재하며 사용자가 업무처리에 사용할 목적으로 PC에 민감 정보를 저장하기도 한다(문진규, 2007). 내부자의 PC에 존재하는 정보의 경우에는 주로 문서 파일형태이며, 서버에 존재하는 정보는 데이터베이스 내에 존재하거나 파일형태로 존재한다. 또한 내부자의 PC에서 생성된 정보가 서버에 업로드되기도 하며, 서버에 존재하는 정보가 내부자의 PC로 다운로드되기도 하는 등 동일한 정보가 여러 군

데에 존재하기도 한다.

2) 내부자

기업과 관련된 누구를 내부자로 볼지에 대하여 구체적으로 언급한 논문은 아직까지 없으나 「자본시장과 금융투자업에 관한 법률」 제174조(미공개중요정보 이용행위 금지) 제1항에 기업의 중요정보에 접근할 수 있는 내부자의 범위에 대하여 기술되어 있다. 물론 동법상 중요정보와 본 글에서 다루고자 하는 정보와는 다를 수 있으나 기업의 내부에 존재하는 정보라는 점과 그 정보가 어느 정도 중요성을 가진다는 점에서 유사하므로 동법의 내부자 범위를 인용하여 내부자의 범위를 <표 1>과 같이 정의할 수 있다.

〈표 1〉 정보유출에 있어서 내부자의 범위

해당 기업의 내부정보에 접근 가능한 다음과 같은 자
1) 해당 기업(그 계열사 포함, 이하 같음)의 임직원 및 그 대리인
2) 해당 기업의 주요 주주
3) 해당 기업에 대하여 인허가권 등을 가진 자
4) 해당 기업과 계약을 체결 중 또는 체결을 교섭 중인 자
5) 마지막으로 위의 1) 내지 4)의 지위에서 벗어난 지 일정기간이 경과하지 아니한 자

3) 유출의 수단

문진규(2007)는 내부정보가 프린터, USB메모리, PDA, FTP, P2P, 휴대폰, 무선인터넷 등을 통하여 유출될 가능성이 있다고 하였다. 이러한 유출수단은 온라인으로 이루어지는 방법과 오프라인으로 이루어

지는 방법으로 나눌 수 있다. 온라인으로서 대표적인 것으로는 E-Mail
과 메신저를 꼽을 수 있다. 오프라인의 경우에는 정보를 하드카피하
거나 사진으로 찍거나 손으로 기록하는 등의 아날로그적인 방법이
있을 수 있으며, CD/DVD 또는 USB 메모리 등에 정보를 소프트 카피
하는 디지털적인 방법이 있을 수 있다.

최근에는 프린터나 복사기 또는 복합기에 정보를 저장하는 메모리
가 달려 있으며, 이 기기들이 모두 온라인으로 연결되어 있어 이 기
기의 메모리에 있는 정보가 온라인을 통하여 유출될 가능성이 대두
되었다. 이광우 외 1인(2010)은 산업 스파이들이 복합기 내 하드디스
크 및 메모리를 분리하여 그 속에 저장된 기밀정보 유출을 시도할 수
있으며 디지털 정보가 아날로그 정보로 바뀌는 과정에서의 정보유출
가능성을 시사하고 있다. 다음 그림은 유출 수단의 예를 보여 준다.

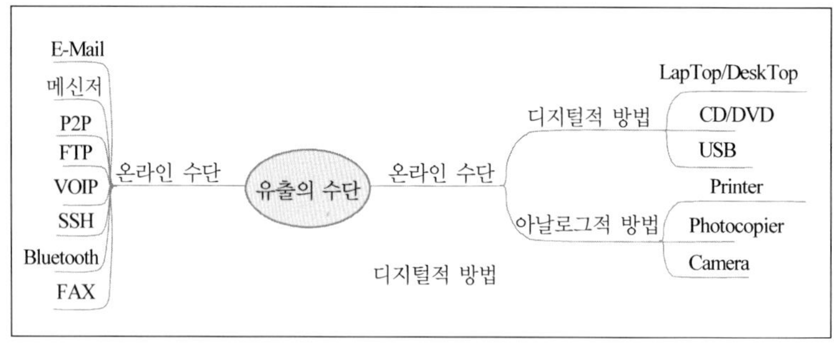

<그림 1> 정보유출의 수단

03

정보유출 방지 방안

1) 정책적 또는 관리적 방안

(1) 기업 임·직원 등 기업에 소속된 내부자에 대한 방안

이기혁 외 1인(2009)은 내부자에 의한 정보유출을 해결하기 위하여 PPP(Policy, People, Process) 대응정책을 제시한다. PPP 대응정책은 기업 내부 정보유출 통제 정책(Policy) 체계 하에 내부정보를 취급하는 핵심인력 및 보안통제 위반자 등 집중관리 대상자(People)를 중심으로 내부정보 취급업무 시 야기될 수 있는 내부정보 유출 위험을 탐지·모니터링·예방하고 지속적으로 관리(Process)하는 것이다. 이러한 정책을 통하여 기업 내부정보 Life Cycle 상에 유발되는 비정상적인 활동을 통합 모니터링하고 모니터링 결과에 근거한 정보유출 사고 징후 판단 및 사전조치활동 수행을 통해 정보유출 보안 사고를 예방할 수 있다고 한다.

송지훈 외 1인(2010. 6.)은 내부자의 보안사고의 근본적인 원인은 첫째, 자신이 근무했던 조직에 대한 불만이나 복수심, 둘째, 금전적 이득, 셋째, 비즈니스 우위로 경쟁업체로의 이직 등이라 하였다. 이러한 내부자의 위협에 대한 인적보안에 대하여 5가지 세부 통제사항을 제시하고 있다. 첫째, 직원들 서로가 견제할 수 있는 직무분리 정책, 둘째, 직원들에 대한 배경 및 사회적 관계 조사 등을 통해 심리상태와 범죄 가능성을 파악하는 내부자 관리 정책, 셋째, 직원이 재정적 문제 등 외부요소로 직무에 영향을 미칠 때 이를 지원하는 직원지원 프로그램, 넷째, 조직 내 적용되는 모든 정책이 지속적으로 공정하게 적용되는지를 점검하는 정책의 공정성 관리, 다섯째, 모든 직원이 보안의식을 가지고 모든 활동을 보안정책에 맞게 행동하도록 하는 조직문화 관리가 있다.

또한 송지훈 외 1인(2010. 10.)은 위의 다섯 가지 세부통제 사항을 다시 세 가지 비형식적 보안관리 요소로 나눈다.

첫째, 환경적인 요소로 정기적인 교육과 조직 내에 형성된 보안문화를 통해 보안에 대한 의식을 고취시킬 수 있다.

둘째, 제도적인 요소로 공정하고 체계적인 제도를 통해 내부자의 불만이나 고충을 해결할 수 있다.

셋째, 심리적인 요소로 개개인의 범죄와 보안에 대한 관념을 조명할 수 있다고 한다.

(2) 기업과 계약관계에 있는 업체로 분류되는 내부자에 대한 방안

이병웅(2009)은 기업의 IT 아웃소싱을 진행 상태에 따라 6단계로 구별하고 각 단계별로 IT 아웃소싱업체에 의하여 내부정보가 유출될 가능성이 있는 위협을 도출하고 이에 대한 감리방안을 제시하고 있다.

각 단계별로 도출된 위협을 보면, 대상 업무 선정단계에서 비위탁시스템을 위탁대상으로 선정하거나 위탁시스뎀과 비위탁시스템 간의 연계로 내부정보 유출 가능성 위협이 있으며, 업체선정 단계에서는 RFI/RFP를 통한 정보유출이나 보안취약점 유출위협, 계약단계에서는 실사 시 제공되는 정보를 통한 정보유출이나 보안취약점 유출 및 실사를 위한 부적절한 시스템 접근권한 부여로 중요정보에 접근을 허용할 수 있는 위협이 있고, 이전 수행단계에서는 시스템 접근통제가 미흡하거나 내부정보 유출방지시스템을 미적용하거나 이전에 투입된 임시 인력을 통한 정보유출의 위협이 있으며, 수행관리단계에서는 내부정보 유출방지를 위한 규정 및 지침이 부족하거나 관련법률 및 고객사 규정에 미숙, 적절한 접근통제 부재, 아웃소싱업체 직원의 이직에 따른 정보유출 등의 위협이 있다.

2) 기술적 방안

(1) 내부자에 대한 접근 통제를 통한 유출방지

접근통제의 우선적 목적은 기록과 기록이 담고 있는 정보를 보호하기 위하여 기록에 대한 접근을 제한하는 것으로 ISO 15489는 누가 어떤 환경에서 기록에 접근하도록 허가할지를 규정하는 공식적인 지침이 있어야 하며, 효과적으로 접근을 통제하려면 기록과 개인 모두

에게 접근 조건을 부여해야 한다고 하였다.

이러한 기준에 따라 내부자에 대하여 정보에 접근할 수 있는 접근통제를 시행함으로써 정당한 권한이 없는 내부자가 내부정보에 접근하는 것을 차단할 수 있다. 그러나 정당한 사용자가 권한을 오용하여 정보를 유출하는 경우를 방지할 수 없다는 문제가 있다. 만약 "갑"이라는 서버에서 접속한 다음 "A"라는 문서 파일을 다운받는 것은 정당한 접근 권한 행사로 인정될 수 있다. 그다음 "갑"이 자신의 PC에 다운받은 파일에 대해서는 접근통제가 이루어지지 않음에 따라 "A"파일을 E-Mail을 통해 정보를 유출하는 것을 막을 수 없다는 것이 접근통제의 한계이다.

엄정호 외 2인(2010)은 이런 문제의 원인이 대부분의 내부자의 시스템 접근 보안정책이 소속, 역할, 직책 등의 그룹별로 접근권한을 부여하는 것에 있다고 보고 이를 해결하기 위하여 자신이 제시하였던 "역할기반 상황 인식·직무/역할기반 접근제어(CA-TRBAC; Context Aware-Task Role Based Access Control)(엄정호 외 2인, 2009)"에 사용자가 실제로 수행하는 프로세스를 감시할 수 있는 오용행위 모니터(Misuse Monitor) 기능을 추가한 "내부자의 부정행위에 대한 접근통제 모델(IM-ACM; Insider Misuse-Access Control Model)"을 제시하였다. 이것이 최근에 내부자가 역할과 직무에 따라 수행하고 있는 작업 프로세스 패턴과 실제로 수행하는 프로세스를 비교함으로써 내부자의 오용행위를 차단한다. 다만, 내부자의 업무경력이 적거나 새로운 프로젝트를 수행하게 될 경우에는 내부자의 작업 프로세스 패턴을 정확하게 프로파일링할 수 없는 단점이 있다.

(2) 정보요소 관점에서의 정보의 유출방지

정보요소에 대한 보호방안은 주로 정보의 암호화에 포커스가 맞추어진다. 위에서 살펴보았듯이 정보는 크게 데이터베이스 내에 컬럼 형태로 존재하기도 하며(송지훈 외 2인, 2009; 문진규, 2007), 문서 파일형태로 존재하기도 한다(문진규, 2007). 이처럼 정보의 존재형식에 따라 암호화의 방법이 달라진다. 데이터베이스 내 정보에 대하여는 주로 "DB암호화" 솔루션을 이용하여 암호화를 하며, 문서에 대하여는 "DRM(Digital Rights Management)" 기술을 이용하여 암호화를 한다.

① DB암호화

DB암호화는 중요 데이터를 컬럼단위로 암호화하고 암호화한 컬럼에 대한 Auditing Log를 암호화하여 기록함으로써 유출을 방지하는 방식이다. 일반적으로 DB암호화에 사용되는 모델은 DAS(Database As a Service) 모델이다(이승민 외 4인, 2007). 이는 암호화된 데이터는 외부의 DBMS영역에서 관리하며, 이 영역은 신뢰할 수 없다고 가정을 한다. 그리고 Front-End 부분은 신뢰할 수 있는 부분으로 DB에 중요정보 저장 시 암호화하여 저장하는 한편, 정당한 권한을 가지고 조회하는 경우 암호화된 정보를 복호화하여 보여 주는 방식으로 암호화를 아웃소싱하는 개념이다.

중간에 암호화/복호화를 하는 DB암호화 솔루션이 위치하여 성능 저하가 된다. 그러기 때문에 DB암호화를 하면서 성능까지 향상시키기 위해서는 추가적으로 비용이 발생한다. 또한 암호화된 컬럼에 대하여 검색할 경우 기존과 같이 검색이 될 수 있는지, DB 테이블 간의 Dependency 관계가 기존과 같이 유지할 수 있는지 등도 DB암호화의 고려대상이다.

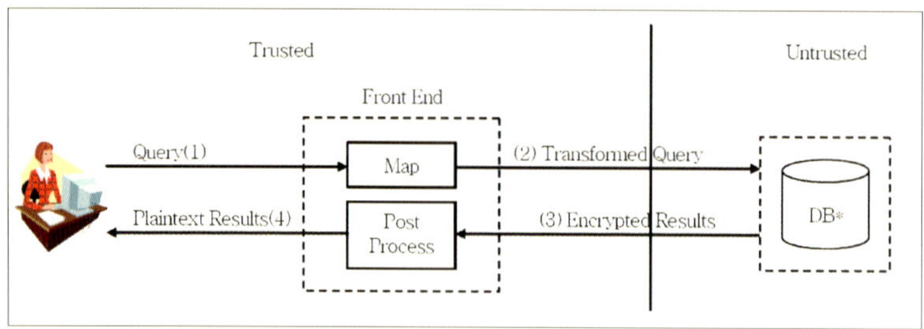

출처: 데이터베이스 암호화와 검색 기술 동향(이승민 외 4인, 2007).

〈그림 2〉 DAS 모델

암호화 및 검색 성능을 높이기 위하여 기존에 학계, 산업체, 연구소를 중심으로 연구되어 온 데이터베이스 암호화 및 검색 알고리즘에 대하여 특징을 분석하였다(이승민 외 4인, 2007).

〈표 2〉 암호화 알고리즘별 개요 및 장단점

알고리즘 명	개요	장점	단점
Bucket-based index	인덱스를 생성하기 위하여 별도의 인덱스 컬럼을 생성하는 방법	매핑함수를 잘 정의하면 숫자·문자 모두 적용 가능	일치 검색 시 평문 값을 알기 위해 추가 필터링 필요
Hash-based index	인덱스 컬럼을 해시함수로 암호화하고 해시 값이 버킷ID 역할을 함.	안정성 높은 일치검색지원 숫자·문자 모두 적용	일치검색에 대해서만 안전성이 높고, 범위검색은 지원하지 않음.
B+tree index	평문순서로 B+tree 구성하여 인덱스 사용 시 평문정보가 노출되며, 이를 해결하기 위해서는 신뢰된 Front-End에 B+ tree 구성을 맡길 수 있음.	· B+tree 노드의 내용이 신뢰되지 않은 DB에 보이지 않음. · 빈도수 기반 추론공격에 안전함.	· 신뢰된 Front-End에 의해서만 수행이 됨. · 변경이 빈번한 경우 B+tree 재구성이 필요 · Leaf까지 도달을 위해 반드시 복호화 필요
Random number based encryption	암화 결과가 평문의 순서와 동일한 순서유지 암호화 기법	· 암호화데이터에 대한 업데이트 문제가 없음. · 암복호화 절차가 간단하여 구현이 용이	· 순서가 그대로 노출되어 다른 컬럼과 사용 시 평문정보 노출위험 존재 · 실수에 대한 암호화 불가능

Polynmial function based encryption	Random number기반 알고리즘은 수치가 증가함에 따라 암호화 값이 기하급수적으로 증가하게 되므로 이런 문제를 해결하고자 실수에도 적용 가능한 단조 증가함수를 사용한 순서유지 암호화 방법	· 실수체계에도 적용 가능 · 암호화된 데이터에 대한 업데이트 문제를 고려할 필요 없음.	순서가 그대로 노출되어 다른 컬럼과 사용 시 평문 정보 노출위험 존재
OPES	순서유지 암호분야의 대표적인 알고리즘으로 암호문에 의한 공격에 대하여 평문을 유추하기 매우 어렵게 하는 것이 특징임.	· 암호화된 상태에서도 일치검색, 범위검색, 그룹함수 검색이 가능 · 평문과 암호문의 분포를 다르게 함으로써 ciphertext only attack에 대해 안전성이 높음.	· 숫자 데이터에 대해서만 적용됨. · Known plain text attack 이상의 공격에 취약 · 동일 테이블에 다른 컬럼이 OPES로 암호화된 경우 순서통계량에 의해 평문정보 노출 가능

또한 정민경 외 3인(2009)은 암호화된 데이터로부터 특정 키워드를 포함하는 정보를 효율적으로 검색하는 대칭키 기반의 검색기법을 제시하기도 하였다. 송유진 외 1인(2009)은 기업이 기밀 정보가 포함된 데이터베이스 관리를 아웃소싱하는 경우 기밀정보를 아웃소싱 업체에 노출되지 않도록 DB 정보를 암호화된 상태에서도 연산이 가능한 다양한 준동형 암호(Homomorphic Encryption) 방식을 소개하고 있다.

② 문서에 대한 암호화(Enterprise DRM)

DRM의 주요 기능에는 암호화를 이용한 문서유출 방지 기능이 있다(MarkAny, 2008). 기업의 중요문서 유출을 방지하기 위하여 중요문서에 대하여 암호화를 적용하고, 암호화된 문서는 보안 클라이언트가 설치되지 않은 비승인된 사용자에게 유출 시에는 문서를 열람할 수 없으며, 인가된 사용자가 불법의 용도로 화면 캡처를 하지 못하도록 방지한다. 네트워크 장애 시 또는 불법 유출을 목적으로 사용자 인증

절차를 거치지 않은 상태에서 사용자 PC에 저장되어 있는 암호화 문서의 사용권한에 대한 정책이 필요할 수 있다.

또한 DRM의 주요 기능에 출력물의 유출을 방지하기 위하여 문서 출력 시 출력자의 정보와 소유권한에 대한 로고를 출력물에 삽입하는 워터마킹 기술 등이 있다.

출처: MarkAny의 제안서(2008).

〈그림 3〉 DRM을 이용한 문서유출 방지 개념도

문진규(2007)는 전자문서 저장 및 관리의 주체를 기준으로 Enterprise DRM을 아래와 같이 두 가지로 정의한다.

㉠ PC DRM

PC DRM은 패키징의 시점이 PC 내에서 이루어진다. 문서 생성자가 PC 내에서 문서를 처음 생성하여 저장하거나 기존 PC 내 자료를 수정하여 저장하거나 또는 정보체계 서버로부터 문서를 다운로드받아

PC에 저장하는 시점에 패키징이 이루어진다. 문서관리의 주체는 PC 관리자이다.

　ⓛ Server DRM

Server DRM은 패키징의 시점이 정보체계 서버 내에서 이루어지며, 자료 유통 시 자료의 열람, 인쇄, 저장 등 다운로드 후 이용의 권한을 통제하는 데 사용된다. 문서관리의 주체는 서버관리자이다.

또한 문진규(2007)는 PC에서 암호화된 문서를 서버로 업로드시킨 문서에 대하여 원문검색이 가능하지 않을 수 있다는 문제점을 지적하면서 이를 해결하기 위하여 업로드된 문서는 서버에 복호화하여 저장하여 원문검색이 되도록 지원하고, 이 문서를 사용자가 다운로드 받을 경우 Server DRM을 통하여 암호화된 문서가 PC에 저장되도록 하는 방안을 제시하였다.

DRM은 특정 파일 형태로 생성되는 모든 정보에 대하여 암호화가 이루어짐에 따라 기업 내부에서의 정보공유에는 크게 문제가 없다. 그러나 기업의 업무로 작성한 문서를 기업이 관계를 맺고 있는 다른 기업에게 E-Mail을 통해 전달하는 경우 수신자 측에서 암호화된 문서를 읽을 수 없다는 문제가 발생한다. 따라서 암호화된 문서를 필요에 따라 내부자가 보안관리자의 승인을 받아 복호화하는 제도 및 절차가 필요하다.

③ 기타 PC의 정보에 대한 방안

박중환 외 3인(2008)은 기업 내부 PC에 존재하는 개인정보를 검출하고 검출된 개인정보의 관리를 위해 해당 파일을 암호화/복호화 기능을 제공하는 프로그램을 개발하였다. 이 프로그램의 요구사항에는 개인정보 보관을 검출하기 위하여 개인을 식별할 수 있는 정보가 특정한 횟수 이상 포함된 파일을 찾을 수 있는 기능과 PC에 저장된 개인정보의 소유권한이 없는 경우 삭제를 권고 혹은 강제할 수 있는 기능, 개인정보를 담고 있을 가능성이 있는 다양한 형태의 파일에 대한 검색 기능 및 검색을 위한 사용자 패턴을 추가할 수 있는 기능이 있다. 따라서 이 프로그램의 지속적인 실효성을 보장을 위해 지속적으로 패턴과 개인정보에 대한 식별 및 파일 형태의 변화 등 변화하는 환경에 따라 프로그램이 필요로 하는 정보 및 프로그램 자체의 수정이 필요하다.

(3) 유출수단 요소 관점에서의 정보의 유출방지

① 온라인 수단에 대한 방안

ㄱ 차단 지향적 방식

정보유출의 통로가 될 수 있는 P2P에 대하여 P2P 프로토콜이 가지는 고유 특성을 분석하여 접속을 차단하며(황선명, 2004), 안규성 외 1인(2010)은 메신저에 대하여 IP 스니핑을 통한 테스트로 구조를 분석하고 그 분석된 구조를 바탕으로 메신저 차단 제어의 세 가지 방법을 제안하였다. 업무를 위해 사용해야 하는 E-Mail의 경우에도 E-Mail 발송은 조직에서 사용하는 E-Mail을 통해서만 가능토록 하며, 개인적으로 사용하는 외부 E-Mail의 경우는 읽을 수만 있도록 차단하는 방식을 통해 정보유출을 방지한다.

〈표 3〉 파일전송이 가능한 온라인 서비스

구분	대표적 서비스	구분	대표적 서비스
P2P	eDonkey, GNUTella, BitTorront, FastTrack 등	Instance Messenger	네이트온, MSN, Yahoo 메신저, 버디버디, 구글톡 등
이메일	SMTP, IMAP, Ms Exchange 등	웹메일	네이버메일, 한메일, Gmail 등
웹하드	데이콤 웹하드, KT하드, Naver NDrive 등	기타	FTP, 웹 게시판 블로그의 파일 업로드 기능 등

그러나 MS 메신저의 경우 다음 그림과 같이 다양한 우회 방법을 제공하고 외부 웹하드 업체들이 우후죽순처럼 나타나고 있어 기업은 효과적인 차단 정책을 위해서 지속적으로 이러한 추세를 검토해야 할 필요가 있다.

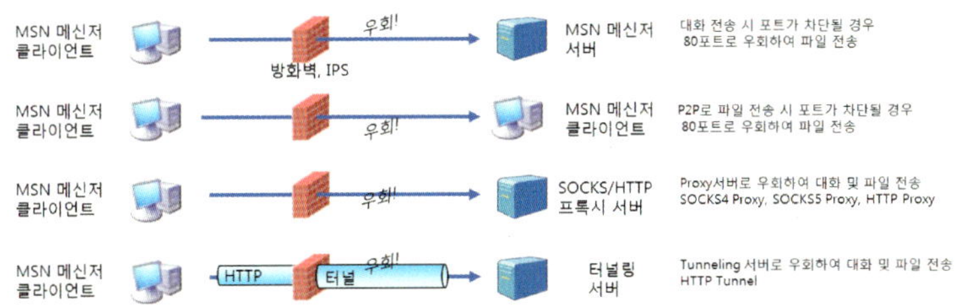

출처: (주)소만사의 Privacy Global Edge 2011 발표자료.

〈그림 4〉 MSN 메신저 우회방법

ⓛ Network DLP(Data Loss Prevention)

위에서 언급한 정보의 암호화나 차단정책과 달리 Network DLP는 내부자들이 기업 내에서 정보를 적극적으로 활용할 수 있도록 하면서 온라인을 통해 민감한 정보가 유출되는 되는 것을 방지하기 위하

여 외부로 나가는 통신선 상의 모든 데이터에 대하여 데이터가 전송
되는 각종 프로토콜 분석과 전송되는 데이터의 형태에 대한 분석을
통해 전송되는 데이터 속에 민감한 정보가 있다면 이를 모니터링하
여 즉시 차단하거나 관리자에게 통보하는 방식을 취한다(Prathaben
Kanagasingham, 2008).

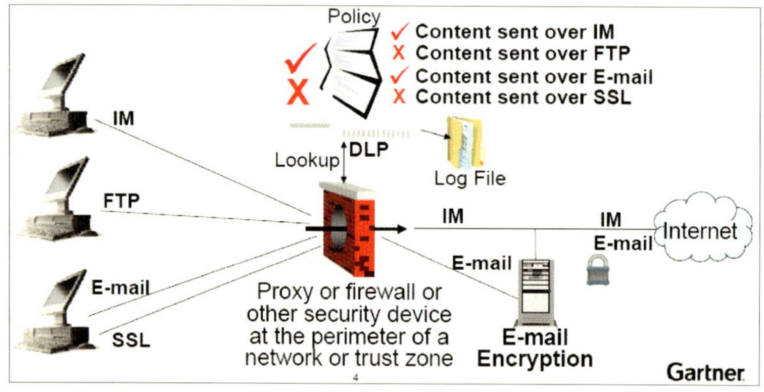

출처: Gartner의 발표자료

〈그림 5〉 Network DLP 개념도

이 방식이 제대로 동작하기 위해서는 우선 민감한 정보가 무엇인
지, 어디에 존재하는지를 파악하여야 한다. 민감한 정보는 기업 내의
서버와 DBMS에 중앙 집중적으로 관리되지만 개인 PC에도 흩어져 있
고, 특히 CRM, 영업팀, 마케팅팀, VOC팀, DBA와 DB관련 개발자 PC
에게 다수 보관되어 있다. 한편 회사 밖으로는 콜센터, 대리점, 협력
업체의 PC에도 민감한 정보가 비구조적인 형태로 존재한다. 이렇게
산재된 정보의 식별을 위하여 각 PC에 설치된 Agent가 다양한 타입의

파일/메일의 내용을 패턴 검색하여 PC에 보유중인 민감한 정보 현황을 서버에 통보한다. 그다음 발견된 데이터를 fingerprinting을 한다. 이렇게 저장된 민감 정보와 온라인상에서 다양한 프로토콜을 사용하여 여러 가지 형태(구조적 형태, 비구조적 형태 등)에 담겨져 있는 정보를 비교해 봄으로써 민감한 정보의 유출을 방지하는 것이 기본 개념이다.

이러한 Network DLP와 관련된 국내 연구를 살펴보면 개인정보 저장형태를 분석하여 네트워크상에서 각 형태별로 가지는 고유한 시그니처를 분석하여 해당 형식의 패킷 내에 개인정보가 존재하는 지를 검사하는 방안에 대한 연구(한승원 외 3인, 2009)가 있고, 온라인상 패킷을 캡처한 다음 캡처한 TCP/IP 패킷만 필터링한 다음, 패킷의 TCP Header의 source port와 address 및 Destination port 및 address를 검색하여 Access Control List(ACL)와 비교하여 차단 여부를 결정하는 프로그램을 개발하였던 연구[(주)이시큐리티, 2002]도 있으며, 웹 어플리케이션 기반에서 정보유출 방지를 위하여 필터링 시스템을 구현한 연구(오세민 외 1인, 2010) 및 전자메일을 이용한 정보유출의 사례를 분석하여, 메일서버의 문제점을 파악하고, 해결책으로 네트워크 영역에서 증거를 확보할 수 있는 방안을 제시한 연구(김대식 외 3인, 2007)가 있다.

이러한 연구들은 공통적으로 네트워크상에서 유통되는 패킷을 분석하여 중요정보가 있는지 여부를 확인하는 방법임에도 무엇이 중요정보인지에 대한 정의와 중요정보를 어떤 식으로 식별을 할 것인지에 대하여는 언급되지 않았다.

② 오프라인 수단에 대한 방안

위에서 살펴본 오프라인 수단의 공통점은 정보유출이 되기 위해서는 일단 획득된 중요정보가 우선 내부자의 PC에 저장이 되고 그다음에 오프라인의 수단으로 정보가 복사된다는 것을 알 수 있다. 따라서 오프라인 수단을 통한 정보유출을 방지를 위해서는 PC에 유출방지를 위한 프로그램인 Agent를 설치되어야만 한다.

㉠ 차단 지향적 방식

PC에 설치된 Agent를 통해 대부분 USB Port나 CD/DVD Drive의 사용을 원칙적으로 차단하거나, 처음부터 내부자에 PC를 지급할 때 이러한 기능이 없는 PC를 지급하여 원천적으로 정보유출을 차단하는 방식이다. 예외적으로 USB의 경우 기업보안 정책에 따라 등록된 보안 USB메모리만을 사용토록 하는 경우도 있다.

㉡ Endpoint DLP

PC에 설치된 Agent가 민감한 정보가 FDD, CD, USB, 기타 이동식 저장장치를 통해 나가는 것을 모니터링하고, 사용자가 분류된 데이터를 프린트하는 것을 감사/보호는 기능을 수행한다(Prathaben Kanagasingham, 2008). 각 PC에 Agent가 설치되므로 사용자에게는 비선호적 솔루션이기는 하지만 이동식 저장장치를 통한 정보유출 방지에 크게 기여한다.

최주호 외 1인(2005)은 Windows 시스템 환경에서 컴퓨터 내의 파일이 내부 사용자에 의해 지장장치에 복사되거나 프린터를 통하여 종이문서로 인쇄되어 유출되는 경우 운영체제의 후킹(Hooking)기법과 파일시스템 드라이버에 대한 드라이버 필터링 기법을 적용하여 이를 실시간으로 서버에서 모니터링하는 방법을 제시하였다.

(4) 기타 데스크톱 가상화를 통한 정보의 유출방지

박영민(2010)은 데스크톱 가상화에 대하여 "정보유출의 방지를 목적으로 사용자의 PC에 직접 정보를 저장하지 않고 서버의 자원을 활용하여 업무수행이 가능한 SBC(Sever Based Computing)의 한 종류이며, 컴퓨터의 본체(데스크톱)의 기능을 가상화 기술을 활용하여 수십 대의 컴퓨터를 1대의 중앙 서버에 구축하고, 사용자는 단말기와 주변장치만을 이용해 개인 PC를 이용하는 것처럼 업무를 처리할 수 있도록 지원해 주는 시스템으로 사용자 요청에 따라 개인화된 사용자 환경설정, OS, 어플리케이션을 조합하여 가상 데스크톱 환경을 만들고, 이 이미지를 브라우저를 통해 사용자에게 제공"한다고 하였다.

이처럼 실제의 중요정보는 모두 서버에 저장되어 있고, 사용자가 사용하는 PC는 과거 Main Frame용 Dummy Terminal 수준 정도로만 사용하므로 위에서 기술한 유출수단 요소의 위험 중 오프라인 수단에 따른 정보유출의 위험이 감소될 수 있음을 알 수 있다. 그러나 비록 정보가 서버에 있지만 서버 상에서 E-Mail을 통하여 정보를 외부로 전송하는 길이 계속 있음에 따라 온라인을 통해 정보가 유출되는 경우에 대하여는 별도의 보안대책이 필요하다.

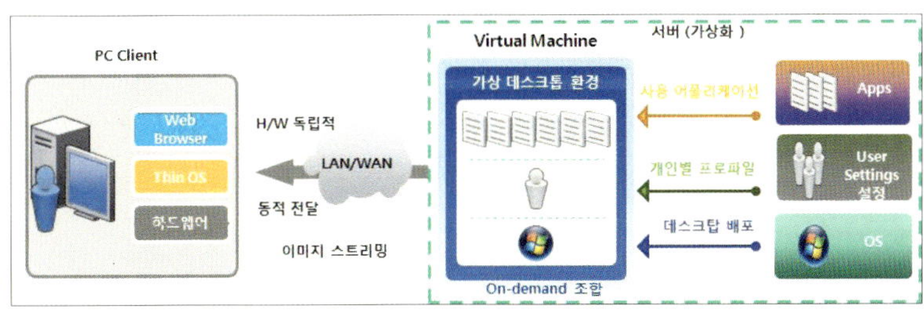

출처: 박영민(2010)

<그림 6> 데스크톱 가상화 구성도

04
결론

위에서 정보유출의 세 가지 요소에 대하여 살펴보았고, 이 세 가지 요소를 감안한 정보유출 방지방안이 무엇이 있는지에 대하여 알아보았다. 지금까지 살펴본 방안을 크게 두 개의 부류로 나눈다면, 정보유출에 가장 큰 비중을 둔 방안과 정보의 활용성과 보호를 감안한 방안으로 나눌 수 있다.

전자에 포함되는 것은 정보 요소에 대한 방안, 즉 DB암호화와 문서 암호화 및 유출수단 요소의 방안 중에서 차단 지향적 방식이 있으며, 후자에는 유출수단 요소에 방안 중 DLP에 관련된 것이 속한다.

이처럼 정보유출을 방지한다는 목적은 같으나 보안의 강도, 정보의 활용과 보호의 조화 측면에서는 그 성격을 달리하고, 각각의 방안이 장점과 단점을 가지고 있어 어느 하나의 방안으로 정보유출을 완전히 차단할 수 있다고 말할 수 없는 만큼 정보유출과 관련된 제품의 도입 시 기업 문화 및 기업이 추구하는 방향에 맞추어 선정하는 것이 바람직할 것이다.

참고문헌

김대식 외 3인(2007), "전자메일(E-Mail)에서 내부 정보유출 감사를 위한 증거확보 방안", 한국정보과학회 영남지부, 2007 한국정보과학회 학술 심포지움 논문집 제1권 제1호 2007. 12, pp.153~158.

문진규(2007), "내부 정보 유출 방지를 위한 DRM 적용 방법 설계", 2007한국컴퓨터종합학술대회 논문집 Vol. 34, 2007, pp.7~10.

박영민(2010), "업무용 PC(데스크톱) 가상화", Local Info. Issue 제4호, 2010. 7. 27.

박중환 외 3인(2008), "기업 내부 개인 정보 보호 시스템 개발", 한국정보보호학회, 정보보호학회지 제18권 제6호 2008. 12, pp.28~34.

송유진 외 1인(2009), "데이터베이스 아웃소싱을 위한 준동형성 암호기술", 정보보호학회지 제19권 제3호, 2009. 6, pp.80~89.

송지훈 외 1인(2010. 6.), "내부자 위협을 고려한 정보보호 대책 요구사항 분석 연구", 한국인터넷정보학회, 한국인터넷정보학회 2010년도 학술발표대회, 2010. 6, pp.399~404.

___________(2010. 10.), "내부자 위협에서의 비형식적 보안요소에 관한 고찰", 한국인터넷정보학회, 한국인터넷정보학회 2010년도 정기총회 및 추계학술발표대회, 2010. 10, pp.83~84.

송지훈 외 2인(2009), "내부정보유출 방지를 위한 데이터베이스 보안 솔루션 보안성 평가", 한국정보기술학회논문지 제7권 제3호, 2009. 6, pp.179~187.

안규성 외 1인, "메신저의 통신 구조 분석 및 사용 차단 방식의 제안", 한국정보과학회, 한국정보과학회 2010 한국컴퓨터종합 학술발표논문집 제37권 제1호(D), 2010. 6, pp.91~94.

엄정호 외 2인(2009), "NCW 컴퓨팅 환경에서 CA-TRBAC의 접근제어 효율성에 관한 연구", 정보보안논문지, 9(1), 2009. 3, pp.43~53.

__________(2010), "내부자의 불법적 정보 유출 차단을 위한 접근통제 모델 설계", 정보보호학회논문지 제20권 제5호, 2010. 10, pp.59~67.

오세민 외 1인(2010), "웹 어플리케이션 기반의 전자기록물 유출 방지를 위한 필터링 시스템 구현", 한국인터넷정보학회, 한국인터넷정보학회 2010년도 정기총회 및 추계학술발표대회, 2010. 10, pp.281~282.

이광우 외 1인(2010), "기업 비밀정보 유출 방지 및 보호 관점에서의 디지털 복합기 보안 기술 동향 분석", 정보보호학회지 제20권 제1호, 2010. 2, pp.47~55.

이기혁 외 1인(2009), "내부정보 유출 징후 분석을 통한 유출방지체계 구축에 관한 연구", 정보보호학회지 제19권 제3호, 2009. 6, pp.70~79.

이병웅(2009), "IT아웃소싱 환경에서 내부정보유출방지를 위한 보안감리프로세스 개선에 대한 연구", 건국대학교 정보통신대학원, 2009. 2.

이승민 외 4인(2007), "데이터베이스 암호화와 검색 기술 동향", 주간기술동향 통권 1327호, 2007. 12, pp.1~14.

(주)이시큐리티(2002), "네트워크 감시, 차단시스템(ES/MS II) 개발", 2002.

정민경 외 3인(2009), "암호화된 DB에서 대칭키 기반 검색기법 구현", 2009 한국산학기술학회 춘계 학술발표논문집, 2009, pp.158~161.

최주호 외 1인(2005), "저장매체와 프린터를 통한 파일유출 모니터링시스템", 한국정보보호학회, 정보보호학회논문지, 제15권 제4호 2005. 8, pp.51~60.

한승원 외 3인(2009), "개인정보 저장 형태에 따른 유출 탐지 방안", 한국정보과학회, 정보과학회지 제27권 제12호, 2009. 12, pp.42~49.

황선명 외 3인(2004), "P2P 프로토콜 인식 및 차단에 관한 연구", 한국멀티미디어학회, 2004년도 추계학술발표논문집 2004. 11, pp.249~252.

IDC(2006), *Combating Insider Threats: the application-level user behavior tracking approach*", Dan Yachin, 2006. 5.

KPMG(2010), Data Loss at a Glance, Data Loss Barometer Issue 3, 2010. 11.

MarkAny(2008), "금융감독원 전자문서 암호화시스템(DRM)구축사업 제안서", 2008. 9.

Prathaben Kanagasingham(2008), Data Loss Prevention, SANS Institute InfoSec Reading Room, 2008.

Ⅲ
정보보호 관리체계(ISMS) 추진 방안

요약

전 세계적으로 정보화 및 인터넷의 확산과 함께 보안의 위협이 증가함에 따라 종합적인 정보보호 관리체계가 요구되며, 이를 위한 정보보호 관리체계의 표준화에 대해 국내·외적으로 관심이 증가하고 있고 활발한 진행이 되고 있다. 국내·외의 정보보호 관리체계 제도에 대한 소개와 비교·분석을 통해 우리나라의 정보보호 관리체계의 활성화를 위한 제언이 무엇이 있는지 알아보고자 한다.

현재 우리나라의 현실은 정보보호 관리체계의 효율성과 신뢰성을 높일 수 있는 최적의 체계가 마련되어 운영되고 있으나, 의무가 아닌 자율적으로 신청하는 선택사항이라는 점에서 현재 인증체계의 문제점이 지적되고 있다. 선택제의 문제 혹은 문화적 차이 등과 같은 문제점을 바탕으로 향후 우리나라에 적합한 정보보호 관리체계 시장 확대를 위한 연구가 필요한 실정이다.

01
서론

최근 전 세계적으로 정보화 및 인터넷의 확산에 따른 정보화 역기능의 증가로 인해 사회 전 분야에서 정보보호에 대한 관심이 고조되고 있다. 이러한 정보화의 역기능은 정보시스템을 운영하고 있는 기업이나 공공기관들로부터 해킹, 바이러스로 인한 피해를 줄이고자 위험분석 및 보안 관리에 대한 요구가 늘어나고 있으며, 이것은 나아가 국가 및 사회문제로까지 그 범위가 확대되고 있는 상황이다.

보안의 위협은 꾸준히 늘어나고 새로운 보안위협은 여전히 증가하고 있다. 이에 따라 과거 개별적이고 기술 중심의 정보보호관리에서 현재는 종합적인 정보보호 관리체계가 요구되고 있는 추세이며, 이를 위해 정보보호 관리체계의 표준화에 대해 국내·외적으로 활발히 진행되고 있다.

본 연구에서는 체계화되어 있는 정보보호 '관리'에 대해 연구하는데 의의를 가진다. 이를 위해 국내외 발표논문 및 저널을 통해 탐구하고, 정부기관 및 연구기관의 연구보고서를 통해 국제 표준인 ISO 27001과 국내 표준인 KISA ISMS를 소개하며, ISMS와 유사한 정보보호 관리체계를 운영하는 국외의 정보보호 관리체계에 대해 살펴본다. 이를 통해 정보보호 관리체계 제도를 비교 및 분석하여 정보보호 관리체계에 대한 현황과 추진 방향에 대하여 알아본다.

02
본론

1) 정보보호 관리체계

(1) 정보보호 관리체계 정의

정보보호 관리체계(Information Security Management System; ISMS)는 정보통신망의 안전성 및 정보의 신뢰성을 확보하고, 조직의 정보보호 수준 제고를 위하여 관리적, 기술적, 물리적 보호조치를 종합한 보안 관리체계의 수립을 목적으로 한다(한국인터넷진흥원, 2010). 이는 새로운 보안 위협 및 취약성이 점차적으로 증가하는 시점에서, 조직의 주요 정보자산을 보호하기 위해 정보보호관리 절차와 과정을 지속적으로 관리·운영하기 위한 종합적인 체계이다.

한국인터넷진흥원(Korea Information Security Agency; KISA)에서는 정보보호 관리체계를 "정보보호의 목적인 정보자산의 기밀성, 무결성, 가용성을 실현하기 위한 절차와 과정을 체계적으로 수립 및 문서화하고 지속적으로 관리·운영하는 시스템"으로 정의 내리고 있다(한국인터넷진흥원, 2010). 이는 조직의 적절한 정보보호를 위해 정보보호 관리과정을 통해 구현된 여러 정보보호 대책들이 유기적으로 통합된 시스템을 의미하며 또한, 「정보통신망 이용촉진 및 정보보호 등에 관한 법률」 제47조 제1항에서는 정보보호 관리체계를 "정보통신 서비스제공자가 정보통신망의 안전성 및 정보의 신뢰성을 확보하기 위하여 수립, 운영하고 있는 기술적, 물리적 보호조치를 포함한 종합적인 관리체계"로 정의 내리고 있다.

국제 표준화 기구인 ISO(International Organization for Standardization)와 IEC(International Electrotechnical Commission)가 연합위원회를 구성하여 2005년 ISMS에 대한 국제 표준인 ISO/IEC 27001을 발표하였으며, 이에 의하면 정보보호 관리체계를 전반적인 관리시스템의 일부로서 비즈니스 위험 접근법을 기반으로 정보보호를 수립, 구현, 운영, 모니터, 검토, 유지 및 개선하기 위한 시스템이라 정의한다(홍기향·김정덕, 2004).

(2) 정보보호 관리체계 인증의 목적

정보보호 관리체계 인증 제도를 통하여 정보보호 관리체계의 수립 및 이행을 위한 체계적인 정보보호 관리과정을 수립하고, 지속적인 관리과정이 기능함을 보증함으로써 대외적인 신뢰성 향상 및 정보보호 관리에 대한 인식 제고가 목적이다. 또한 정보보호 관리과정을 통하여 선택된 통제사항에 대한 점검으로써 정보보호활동의 연속성 확보 및 정보보호 수준의 향상을 기대할 수 있다.

(3) 정보보호 관리체계 인증의 필요성 및 인증 현황

기술의 발달과 기술을 위협하는 새로운 기법의 등장으로 인해 계속적으로 보안 취약짐이 빌건되고 있다. 이에 대해서 자발적이고 주기적인 점검 등의 지속적인 정보보호 관리를 하지 않으면 그 위험도는 점점 커지게 될 것이다.

정보 자산의 증가로 인한 새로운 위협에 대응하기 위해 부분적, 산발적 보안에 대응하는 정보보호 관리에 대한 균형이 필요하며, 또한 체계적으로 대응하고 지속적인 정보보호 관리를 통해 기업 내 정보 자산의 무결성과 신뢰성을 확보를 위한 노력이 필요하다. 이로 인해 지속적인 정보보호 수준 제고를 유도하는 정보보호 관리체계(ISMS)의 구축이 필요하게 되었으며, 우리나라는 2002년 정보보호 관리체계를 도입하기에 이른다(한국인터넷진흥원, 2010).

이렇게 정보보호 관리에 대한 필요성이 국내외로 관심이 고조되는 가운데 정보보호 관리체계의 국제표준인 ISO/ICE 17799 & BS 7799 Part2의 인증을 받은 국가는 1998년부터 2011년 5월 기준으로 총 85개국 7,200여 건으로 점차 인증받는 국가가 늘어나고 있는 추세이다. 우리나라의 경우 2002년 정보보호 관리체계(KISA ISMS) 인증이 개시된 이후 2011년 5월 현재까지 100개 기관에 인증서가 발행되었으며, ISMS 인증 취득 민간기업들이 증가하는 추세로 최근 각급 행정기관에서 국제표준인 ISO 27001 ISMS를 기반으로 한 행정기관 정보보호 관리체계(G-ISMS)에 대해서도 점차 확대 적용되고 있다(ISO/IEC27001, 2011).

출처: 한국인터넷진흥원, 인증ISMS 제도 소개.

〈그림 1〉 지속적인 정보보호 관리의 필요성

2) 국내외 정보보호 관리체계 인증제도 현황

(1) BS7799 기반의 국제 표준화 과정

BS7799는 1995년에 처음 제정되어 1999년에 개정되었으며, 영국 이외에 호주, 브라질, 네덜란드, 뉴질랜드, 노르웨이 등에서 사용하고 있다(박완규, 2008).

국제 표준인 BS7799는 2부(Part1, Part2)로 구성되어 있으며 BS7799 Part1을 기반으로 ISO 17799로 전환되었고 2007년 ISO 27002으로 명칭이 변경되면서 ISMS 수립 및 구현, 유지를 위해 공통적으로 적용할 수 있는 실무적인 지침 및 일반적인 원칙을 수립하였다. 1998년 정보보호 관리체계를 구축하는 절차인 BS7799 Part2가 추가되면서, 2005년 ISO 27001로 전환하기에 이른다(한호현, 2010).

현재는 이러한 ISO 27001(ISO/IEC FDIS 27001: 2005), ISMS(Information Security Management System Requirements)에 의해 정보보호 수준진단과

국제인증제도가 시행되고 있다. ISO 27001은 BS7799 Part2를 근간으로 한 ISMS 요구사항을 포함한다. 이러한 ISO 27001은 ISMS의 수립, 설계, 운영, 감시, 유지 및 개선의 기준 모델로 제정되었다. ISO 27001 통제항목은 11개 도메인에 133개 통제 항목으로 '보안사고관리'에 대한 도메인을 추가하여 보안사고에 대한 관리의 중요성을 강조하고 있다. 또한, 위험도가 높은 취약성에 대한 보호대책 수립을 위해 위험관리가 잘 이루어지고 있는지 확인할 수 있는 측정 지표를 개발하도록 요구한다(마종숙, 2008).

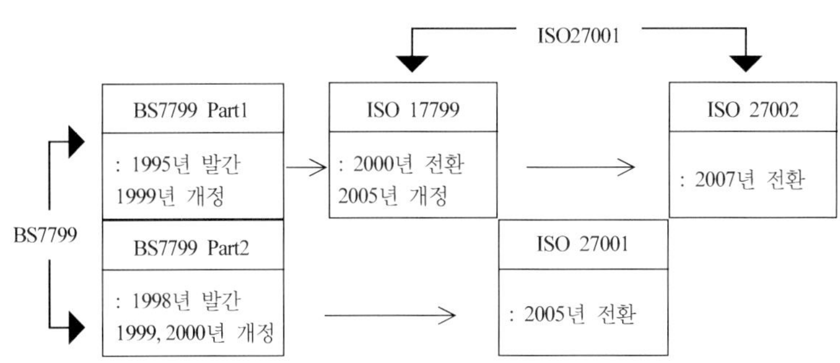

〈그림 2〉 BS7799 기반의 국제 표준화 과정

아래는 ISO/IEC 27001 기반 ISMS 인증서 발급 현황이며, 본 장에서는 한국을 비롯하여 기타 국가에서 시행하는 인증제도에 대하여 살펴보도록 한다.

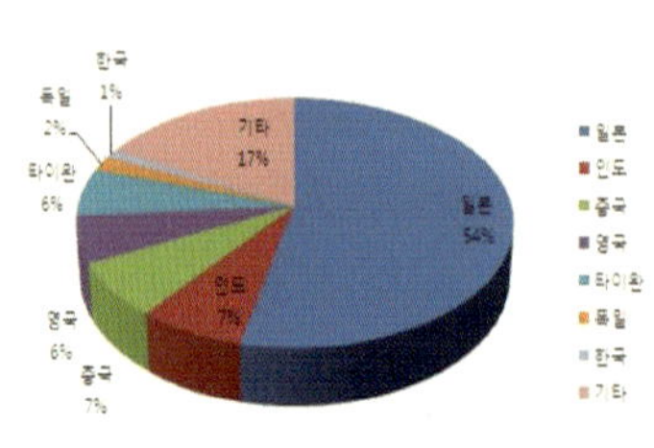

	국가명	발급현황
1	Japan	3829
2	India	506
3	China	496
4	UK	466
5	Taiwan	413
6	Germany	170
7	Korea	106
8	Czech Republic	101
9	USA	100
10	Hungary	72
11	Spain	70
12	Italy	66
13	Poland	58
14	Malaysia	52
15	Austria	37

2011. 5. 기준 85개국 7205개의 인증서 발급

출처: http://www.iso27001certificates.com

〈그림 3〉 ISO/IEC 27001기반 ISMS인증서 발급 현황

(2) K-ISMS(한국)

한국의 대표적인 정보보호 관리체계는 국제표준 ISO27001을 근거로 만든 한국인터넷진흥원(KISA)의 K-ISMS이다. 정보보호 관리체계는 정보자산의 안전과 신뢰성 향상 및 정보보호 관리에 대한 인식을 제고하며 국제적 신뢰도 향상, 정보보호서비스 산업의 활성화를 목적으로 2002년에 국내에 도입되었다. 인증 대상은 정보통신망의 안전성 및 신뢰성 확보를 위하여 기술적, 물리적 보호조치를 포함한 종합적인 관리체계를 수립, 운영하고자 하는 조직이 모든 대상이다. 한국인터넷진흥원(KISA)과 인증위원회 및 인증심사원 풀은 방송통신위원회 고시로 공표한 총 137개의 인증심사 기준을 기반으로 인증 심사를 하며, 방송통신위원회는 인증기관을 관리, 감독하는 인정기관의 역할을 수행한다(한국인터넷진흥원, 2010).

(3) BS7799 Part2(영국)

영국의 BS7799는 영국의 상무성(DTI)의 상업용 컴퓨터 보안센터 (CCSC)의 프로젝트를 시작하였고(이철남, 2002), 1995년 BSI의 DISC에서 운영하는 위원회 BDD/2에서 주도하여 개발하였다. BS7799는 두 부분(Part1, Part2)으로 구성된다. 이 중 1부는 표준적인 실무 지침이자 종합적인 보안 통제 목록을 제시하는 데 목적이 있고, 제2부는 정보보안관리시스템(Information Security Management System; ISMS)에 대한 표준적인 명세이다. 즉 정보보호 관리체계의 규격을 제시하는 것으로 인증심사 시 활용하는 데 목적이 있다. 또한 ISO9000과 유사하게 운영되는 'c:cure'라는 인증 스킴이 있다.

영국의 국가표준으로는 제2부이며, BS7799의 목록은 완전한 것이 아니라는 판단하고 있어, 원하는 경우 통제사항을 추가 또는 삭제하여 사용한다(박완규, 2008; 한호현, 2010).

(4) FIPS 시리즈(미국)

미국의 정보보호와 관련된 사항은 연방정보보안관리법(Federal Information Security Management and Budget; FISMA)에서 관리한다. 모든 연방정부 기관은 FISMA를 준수하며, FISMA는 IT 시스템의 보안 강화를 위해 국립표준기술원(National Institute of Standards and Technology; NIST)와 관리예산처(Office of Management and Budget; OMB)와 같은 연방기관들에 대해 구체적인 책임을 부여하고 있다. 그 중 NIST는 NIST 산하 정보기술연구소의 컴퓨터 보안과를 중심으로 법령에 규정된 책임을 다하고 있다. NIST는 FISMA를 위한 정보보안 규격, 표준, 가이드라인을 개발하였으며, 가이드라인은 각 연방정부가 활용하기 위한 정보자산 등급, 보안 대책 선택, 문서화, 감시, 평가 및 인증(C&A)과정 등을 담고 있다. 가이드라인은 FIPS 800시리즈 등이 있다. FIPS 199는 정보, 정보시스템의 보안분류 표준에 따른 공통의 프레임워크와 보안표준 기준을 제공하며, FIPS 200은 연방기관 정보와 정보시스템에 대한 최소 보안요구사항을 제공한다. SP시리즈는 연방기관 정보시스템의 보안대책 혹은 FIPS 199의 보안 목표 및 영향 등급 개요에 대한 세부적 지침 등을 제공한다(전남재, 2010).

(5) IT Baseline Protection Manual(독일)

독일의 BSI(Bundesamt Für Sicherheit in der Informationstechnik)는 자국 현황에 맞는 BSI IT Baseline Protection Manual을 개발하였다. 이것은 IT 시스템 차원에서 접근과 함께 조직구조, 인력, 기반구조와 기술적인 차원을 적절히 조화시켜 IT시스템에 대한 정보보호 수준을 3단계로 분류하여 선택할 수 있도록 구성한 시스템이다. 총 9장의 매뉴얼로 구성하고 있으며, 추가로 위협의 시나리오와 통제사항, 그리고 보조적인 설명자료와 형식 및 툴 등을 소개한 첨부로 구성되어 있다. 이 매뉴얼의 기본적인 구조는 먼저 IT자산별 위협의 명세를 파악 후, 그 위협에 따른 위험 통제사항을 3단계 수준별로 구분하여 목록을 제시하고 있다(한호현, 2010).

(6) BS7799 Part2(일본)

일본의 정보보호 관리체계 인정업무는 일본정보처리개발협회(JIPDEC)가 맡고 있다. 정보보호 대책을 추진하는 정보보호부에서는 정보보호 대책, 동향, 시스템 감사의 추진정책 및 동향, 암호 및 민간

부문의 개인정보보호 조사연구, 컴퓨터 긴급대응센터(JPCERT/CC) 사무국 운영 등의 정책을 시행한다(허순행 외, 2008).

2002년 4월 1일부터 일본 산업현황을 반영한 독자적인 인증기준 v.1.0을 시행하다가 2003년 4월 1일부터 BS7799 Part2로 변경하였다. 그 이후 BS7799-2:2002에 기반을 둔 V.2.0을 시행하고 있다. 이것은 정보보호 관리체계 범위 및 정책 수립, 통제 목록 선택, 위험 관리 내책 3단계로 구성된다(임건묵·김인재, 2010). 현재 일본의 정보보호 관리체계 인증현황은 총 3,829건(2011년 5월 31일 기준)으로 가장 활발한 심사를 진행 중이다.

이처럼 산업전반에 걸친 전자상거래의 확대와 온라인 거래 확산, 그리고 각 소프트웨어 안전성 등의 강화 정책을 위해, 한국을 비롯해 기타 다른 국가는 각 국가의 정보와 정보시스템 보호를 위해 정보보호 관리체계들을 만들었다.

한국의 정보보호 관리체계는 국제표준 ISO27001을 바탕으로 국내 시장 현황에 맞게 분석하여 새로운 정보보호 관리체계를 만들었으며, 정보보호 관리체계를 국내 도입 후 진단 수행 기관이 매년 늘어나는 추세를 보이고 있다. 이는 위협으로부터 발생할 수 있는 손실 가능성을 예측, 대처할 수 있으며, 조직 자산에 대한 안전성, 효과성, 효율성, 신뢰성을 향상시킬 수 있다는 장점과 관리자와 사용자의 보안의식을 고취할 수 있다는 점에서 기대효과를 예상할 수 있다. 또한, 정보보호 관리체계 인증 심사는 대외적인 신뢰도와 경쟁력을 제고할 수 있으며 정보보호 관리기준에 적절하게 합치되는지 검증함으로써 조직의 보안 수준 향상 및 고객들로부터 신뢰감을 확보할 수 있다는 기대효과를 전망할 수 있다(이강신 외, 2001). 그러나 혹자는 국내 정보보호 관리체계가 문화적 조건상 시장의 확대를 기대하기는 어려울 것이라고 전망하기도 한다(오경희, 2007).

미국은 FISMA법을 통하여 기관의 역할, 보안프로그램, 지침 및 가이드라인의 활용, 솔루션 활용 등 정보보호를 위한 노력 전반에 걸쳐 의무화하고 있으며, NIST의 가이드라인인 FIPS, SP문서를 통하여 보안대책의 프로세스별 필요활동에 노력을 기울이고 있다. 또한 미국은 법률이 US Code체계로 되어 있기 때문에 법률 간 중복이 적고 체계적으로 정비되어 있다는 점에서, 부처 간 이해관계의 문제나 역할과 책임 소재에 대한 대처 방안의 어려움이 적을 것으로 사료된다(전남재, 2010).

독일은 자체 개발한 정보보호 관리체계를 보유함으로써 매뉴얼에 따른 기본적 구조를 바탕으로 정보보호 관리를 하고 있다. 매뉴얼은 위협에 따른 구체적 이해가 필요할 경우 세부적인 위협 시나리오를 참조할 수 있으며, 통제사항 구현에 관한 설명도 안내되어 있다. 이러한 구현을 통해 IT 정보보호문제에 대한 인식을 제고하고 정보보호 교육 및 훈련을 제공하는 것이 목적이며, 구현된 통제사항을 운영하면서 발생되는 문제점을 보완한다. 독일의 국민성을 반영하듯 독일의 정보보호 관리체계는 매뉴얼의 용이성과 효율성 제고에 대한 개략적인 설명과 함께 모든 분야 항목의 내용이 상세하며, 국내 ISMS와 영국의 BS7799와 다르게 통제사항 분류가 6개로 매우 적다는 것이 특징이다(한호현, 2010).

일본은 초기에 독자적인 인증기준을 시행하였으나, 2003년에 BS7799 Part2를 기반으로 새로운 정보보호 관리체계를 시행하고 있다. 일본의 특이한 점은 정보보호 관리체계의 인정업무를 JAB(Japan Accreditation Board)가 아닌 일본정보처리개발협회(JIPDEC)가 맡고 있다는 점이며,

영국의 BS7799를 기반으로 인증심사를 의무화하고 있다는 점이다. 특히 JIPDEC가 정보보호관리체계 인증업무 과정에 있어 JAB로부터 협조를 받고 있다는 사실은 관련기관과의 협조가 필요함을 시사해 준다(허순행 외, 2008).

영국과 미국, 독일은 정보보호를 보호하기 위한 자체 표준을 만들어 사용하고 있다. 반면, 한국과 일본은 국제표준을 도입하여 각국 실정에 맞게 정보보호 관리체계 인증을 하고 있다는 사실을 알 수 있다. 그런 점에서 한국과 그 역사적 배경이 비슷하다는 점에서 최근 동향을 눈여겨볼 필요가 있다.

03
제언

각 국가에 적합한 인증 평가를 도입하고 운영하기 위해서는 인증체계의 효율성과 신뢰성을 바탕으로 고객(산업체)을 위한 체계가 만들어져야 한다. 단일 인정기관이 존재할 경우 고객은 저렴한 비용과 간편한 절차로 이해하기 쉽게 이용할 수 있는 반면, 인정기관이 독점적 지위를 가짐으로 인해 인정 비용이 경직되고 개별 고객의 수요에 대한 세분화된 대응이 부족하며 인정 범위가 넓어 전문성이 결여된다는 단점이 있다. 복수 인정기관이 존재하는 경우 고객이 국제기준에 맞추는 것이 번거로운 단점과 개별 고객에 적절하고 적합한 대응 및 전문성이 높아진다는 장점이 존재한다. 결국은 기존의 표준 인증체계를 도입할 경우 반드시 한 국가의 경제규모, 산업의 다양성, 문화의 다양성 등을 고려하여 판단할 필요가 있다(이철남, 2002).

현재 우리나라는 국제표준인 ISO27001을 기반으로 정보보호 관리체계를 도입하였고 현 상황에 맞는 적절한 체계가 마련되고 운영되고 있다. 그러나 정보보호 관리체계 인증이 의무가 아닌 선택이라는 점에서 인증체계의 활성화를 위해 몇 가지 제언을 한다.

먼저, 정보보호 관리체계 신뢰성을 높인다. 즉 보이기 위한 적당한 관리체계가 아닌 국제 인증제도를 바탕으로 정보보호의 수준을 높이기 위해 도입했음을 알리고, 안정화된 관련 법규나 지침을 공개한다. 이를 통해 단지 기업의 이미지 제고만이 아닌 실질적인 보안의 안전성과 필요성, 그리고 관리자와 고객의 보안 의식을 고취할 수 있게 하며 신뢰성을 확보한다.

둘째, 정보보호 관리체계의 효율성을 광고한다. 실지로 정보보호 관리체계 인증을 받은 브랜드가치가 높은 기업을 중점으로 정보보호 관리의 중요성을 높이며, 특히 많은 수의 인증을 받은 선진국가인 일본의 사례를 홍보함으로써 발생할 수 있는 손실 가능성을 예방, 예측하도록 홍보한다.

셋째, 산업체 경영에 실질적인 목표를 지원할 수 있는가에 대해 신중히 재고찰한다. 산업체와 국가의 정보보호 관리체계가 적절히 합치되는지 실질적인 검증이 필요하다. 이를 위해 조직 내부의 요청 혹은 사회적 요청을 진정성 있게 확인하여 실사 검토를 통해 인증의 영향과 중요성 혹은 결핍된 부분을 파악하여 유지 및 관리를 한다. 이를 통해 조직의 자산을 보호하고 궁극적으로는 정보보호 관리체계 인증을 더욱 견고하고 필요성 있게 그 경쟁력을 제고한다.

　마지막으로 빠르게 변화하는 산업 성장에 그에 따른 제도 및 방안을 지속적으로 개선한다. 국가 및 기업의 안전과 이익을 고려하여 최적화된 조건에 합의할 수 있도록 꾸준한 연구 및 관심이 필요하다. 이를 위해 실무적·법률적으로 인정기관과 인증기관과의 원활한 업무 지원 개선을 위한 범국가적 지원과 함께 산업체의 지속적인 관리로 직접적인 의사결정 지원을 제안한다.

04
결론

우리나라는 2002년 「정보통신망 이용촉진 및 정보보호 등에 관한 법률」에 근거하여 정보보호 관리체계가 마련되었고, 정보보호 관리체계 인증이 개시된 이후 2011년 5월 현재까지 100개의 기관에 인증서가 발행되었다. 지속적으로 많은 홍보와 혜택을 통해 대부분의 정보통신 기업들이 정보보호 관리체계 인증의 존재를 인식하고 있으며 정보보호업체, 학교(교육)기관 등을 중심으로 인증을 받은 기업도 점차 확산되는 등 이를 통해 정보보호 관리체계 제도가 점차 정착되었다고 볼 수 있다.

본 조사를 통해 일본, 미국 등은 ISMS 인증이 사실상 의무화로 인해 활성화가 이루어져 있음을 확인하였다. 반면 우리나라의 경우

ISMS 인증이 강제적 의무사항이 아닌 대상 조직이 자율적으로 신청하여 인증받는 권고사항이며, 또한 인증대상이 종업원 250명 이상의 기업으로 한정되어 있어 인증 개시 후 10여 년간 실질적으로 인증받은 기업의 수는 사실상 많지 않다. 그렇기 때문에 기업들이 ISMS 인증을 받고 정보보호에 대한 인식을 제고할 수 있도록 정부의 지원이나 대책이 필요하다.

인증대상에 속하는 대기업의 경우는 인증 범위가 넓고 전문 인력의 부족함에 어려움을 호소하고 있으며, 중소기업의 경우는 인증을 받기 위한 인력과 자금에 대한 한계를 가지고 있어, 기업의 규모와 분야에 따라 각각의 대책 마련이 필요하다(한국인터넷진흥원, 2003).

앞서 우리는 국내외의 정보보호 관리체계를 소개하였고 이를 통해 우리나라의 정보보호 관리체계 활성화를 위해 몇 가지를 제언을 하였다. 그러나 적절한 인증기준 개발 및 활성화 방안을 모색하는 것이 무색할 정도로 여론은 정보보호 관리체계 시장 확대에 있어 비판적인 시각도 가지고 있다. 기업과의 소통 부재, 의무화하지 않는 국내의 선택제의 문제, 아웃소싱 수행으로 인한 고객사의 정보 보안 문제 등이 거론되고 있다. 이와 같은 문제가 제기되면서 문화적 조건 특성상 시장의 확대를 기대하기 어렵다는 반응이다.

또한 정보보호 관리체계에 있어 우리나라와 역사적 배경이 비슷한 일본의 경우, 일본 정보처리개발협회(JIPDEC)와 같이 정부산하 공공기관이 인정 기능을 수행하고 각각 10여 개의 인증 및 연수기관을 운영하고 있다. 반면 우리나라는 한국인터넷진흥원에서 인증 및 자격관리, 연수기능을 수행하고 있고 별도에 인증기능을 수행하는 기관이 없다는 것이 특징이다. 이 부분에는 분명히 장단점이 있다. 국내의 경우 향후 인증에 대한 수요가 점진적으로 증가할 것으로 예상되지만 한국인터넷진흥원의 현재 조직으로는 증가하는 수요에 대응하기는 어려울 것으로 판단된다. 그렇기 때문에 증가하는 인증 수요에 대응하기 위해서는 한국인터넷진흥원의 인증 조직을 지속적으로 확대하는 방안과 다수의 민간 인증기관을 운영하는 방안을 꾸준히 고려해야 할 것이다.

참고문헌

김성근 외 2인(2010), "전자정부서비스의 소프트웨어 안전성 및 신뢰성 강화 정책", 정보과학회지, vol. 28, pp.10~19.

김정덕 외 1인(2008), "ISO/IEC JTC1 SC27의 정보보호관리 국제표준화 동향", 情報保護學會誌, vol. 18, pp.1~4.

김종원 외 1인(2001), "정보보호관리체계 인증 연구", 한국정보보호진흥원, p.298.

마종숙(2008), "정보보호관리체계 기반 보안감리 기법연구 －사이버 해킹 방지 중심으로－", 建國大學校情報通信大學院, p.100.

박완규(2008), "정보보안 법제의 개선 방향에 관한 연구", 행정법연구, vol..22, pp.225-241.

안철수연구소, 정보보호 관리체계 및 인증지원 컨설팅, 2011. 5. 25, www.ahnlab.com/kr/site/product/consultType1.do.

이강신 외 2인(2001), "국내·외 정보보호관리 모델에 관한 고찰", 情報保護學會誌, vol. 11, pp.24~37.

이철남(2002), "일본에서의 정보보호 관리체계(ISMS) 인증에 관한 동향", CLIS Monthly, vol. 2002, pp.12~14.

이철원 외 3인(2001), "정보보안관리 평가방법론 고찰", 情報保護學會誌, vol. 11, pp.38~48.

임건묵 외 1인(2010), "정보보호 관리체계의 실증분석: ISO27001과 COBIT4.1의 비교", 학술대회논문집, vol. 2010, pp.224~229.

오경희 외 5인(2007), "개인정보보호 등을 위한 ISMS 모델 및 보호대책 개발",

한국정보보호진흥원, p.79.

장상수 외 2인(2001), "정보보호 관리체계 인증제도 소개 및 추진 방향", 情報保
護學會誌, vol. 11, pp.1~15.

전남재(2010), "정보보호 관리체계를 활용한 금융권 정보보호 모델 연구", 국내
석사학위논문, 건국대학교 정보통신대학원, 서울.

한호현(2010), "정보보호 관리체계 통제사항 선정의 효과성 증진을 위한 리스크
트리 모델", 국내박사학위논문, 숭실대학교 대학원, 서울.

허순행 외 13인(2008), "정보보호 수준평가 적정화 방안 연구", 정보처리학회논
문지제15-C권 제3호, pp.173~190.

홍기향 외 1인(2004), "ISO에서의 정보보호관리 국제 표준화 동향", 情報保護學
會誌, vol. 14, pp.1~5.

한국인터넷진흥원(2003), "정보보호관리체계 인증제도의 발전방향 연구."

한국정보보호진흥원 ISMS 인증제도 소개, 2011. 5. 20, http://isms.kisa.or/kor/intro/
intro01.jsp.

International Register of ISMS Certificates, 2011. 5. 31,
http://www.iso27001certificates.com/.

IV

SNS 보안 사고 주요 유형 및 대응정책

요약

소셜 네트워크 서비스(SNS; Social Network Service)는 개인들의 일상정보를 온라인에 올리고, 실시간 네트워크로 연결된 사람들과 자유롭게 소통할 수 있게 되었다. 점차 SNS 이용률이 높아짐에 따라 SNS는 새롭게 부각되는 보안사고의 주범이 되고 있다. 이용자들의 프라이버시가 침해당하고 난 뒤, 개인정보가 이용되는 패턴이 다양하게 반복됨에 따라, 이는 사회적인 문제로 대두되고 있다. 따라서 본 연구에서는 지금까지 일어난 SNS 보안사고의 유형을 정리해 보고, SNS 사업자들이 과연 이러한 유형들에 대해 적절한 정책적·기술적 대응 방안을 구축해 오고 있는지를 점검해 보고자 한다.

01
서론

　　트위터와 페이스북으로 대표되는 소셜 네트워크 서비스(SNS)는 인터넷 이용자들이라면 누구나 한 번쯤 이용하고 있을 만큼 대중성을 확보했다. 특히 페이스북은 서비스 시작 후 경이적인 성장세를 기록하며 회원 수는 현재 6억 명을 넘어서 국가별 전체 인구와 비교하면 중국, 인도에 이어 세계 3위의 규모다(베타뉴스, 2011).

　　이들의 인기에 힘입어 인터넷 포털 업체들도 SNS를 제공하고 있다. 구글의 경우 '구글 버즈'라는 서비스를, 한국의 대표적인 포털 기업들인 NHN은 '미투데이', 다음 커뮤니케이션은 '요즘', 그리고 SK 커뮤니케이션즈는 '싸이월드'라는 SNS를 주력 서비스로 운영하고 있다. 김상헌 NHN 대표이사는 '미투데이를 모바일 시장 공략을 위한 핵심 콘텐츠 중의 하나로 삼고, 서비스 기능을 대폭 강화할 것'이라 선언하였다(토마토뉴스, 2010). 그만큼 SNS는 현재 기업들의 주요 전략에 매우 중요한 서비스 영역으로 자리매김하였고, 개인과 기업 이용자들을 확보하여 다양한 부가가치를 창출해 내고 있다.

그러나 각 기업의 SNS의 사용률이 높아짐에 따라(동아일보, 2011) 이와 관련된 보안사고도 늘어나 이용자들의 개인정보가 침해당하고 피해 받는 사례 또한 빈번하게 일어나고 있다. 보안전문업체 시만텍의 주요 사이버 범죄 및 보안 위협 동향 분석 보고서에 따르면, 2009년에서 2010년 사이 '악성코드 유포가 SNS 경로를 통해 이루어지는 경우가 많아지고 있다'라고 언급하고 사이버 범죄의 온상으로 SNS를 꼽고 있다. 또한 'SNS를 통한 보안위협이 늘어났다는 건 아마추어들도 쉽게 접근할 길이 열렸다는 뜻'이라고 지적하고 있다(Marc Fossi, 2011).

〈표 1〉 글로벌 및 국내 SNS 이용자 수

글로벌 및 국내 SNS 이용자수		
글로벌	페이스북	6억 5,000만 명
	트위터	2억만 명
국내	싸이월드	2,500만 명
	미투데이	500만 명
	페이스북	410만 명
	트위터	308만 명
	요즘	130만 명

출처: 전세계 SNS 열풍 명암, 파이낸셜뉴스, 2011.

SNS의 사회적 영향력이 커짐에 따라, 여기서 발생하는 사건·사고 역시 그 속도나 파급력은 굉장하다. 따라서 본 연구에서는 어떤 유형의 SNS 보안사고가 일어나고 있는지 알아보고, SNS 사업자들이 보안 리스크에 대비하여 어떤 이용자 보호정책으로 운영되고 있는지를 정리하였다. 기본적으로 모든 SNS에 이용자를 보호하기 위한 정책들이 제시되고 있으나, 과연 이 정책들이 보안 위협에 얼마나 적절하게 대응하고 있는지를 알아보고자 하는 것이다.

본 연구를 통해 목표하는 바는, 첫째, SNS 보안사고의 주요 유형을 분석하고자 한다. SNS에서 일어나는 보안사고 유형을 정리하여 사고가 일어나는 원인들을 파악해 보고자 하는 것이 목표이다. 둘째, SNS 업체들의 보안사고에 대응하기 위한 이용자 보호 정책에 대해 정리해 보고자 한다. 이를 통해 이들이 보안사고에 적절하게 대응하고 있는지 알아보는 지표가 될 것으로 예상한다. 셋째, SNS 업체들에게 보안사고의 원인과 이에 대한 적절한 대응책에 대한 시사점을 제공하는 것을 목표로 한다.

1) SNS 보안의 중요성과 현황

(1) SNS 정의

소셜 네트워크 서비스(Social Network Service)는 사회적 관계망을 인터넷 공간으로 가져온 것으로, 사람과 사람 간의 관계 맺기를 통해 네트워크 형성을 지원하며 개인의 일상사나 관심사를 공유하고 소통시켜 주는 서비스이다. 같은 취미나 생각을 가진 사람들끼리 네트워크가 형성되면 단기간 내에 폭발적으로 확대될 수 있어 최근 포털 사이트들의 새로운 수익 모델로 자리 잡아 가고 있다(행정안전부, 2008).

전통적인 소셜 네트워크 이론에 따르면, 소셜 네트워크는 사회적 관계로 연결된 사람과 조직이 서로 가치를 공유하는 사회적 개체들의 집합체로 정의된다(ZD넷코리아, 2011). 과거의 SNS의 형태는 친구와 면대면 관계에 초점을 두었지만, 최근의 SNS는 온라인 가상 커뮤니티와 컴퓨터·모바일 기기를 매개로 한 커뮤니케이션에 초점을 두고 있다. 특히 스마트폰의 등장과 더불어 SNS는 시간과 장소에 상관없이 네트워크가 연결된 곳이라면 기기를 통해 소통할 수 있는 실시간 이용성을 확보하였다. 기존의 소통 방식이 텍스트 기반의 소통이었다면, SNS를 통해 이용자들은 개인의 정보를 텍스트, 이미지, 영상 등의 다양한 형태로도 제공할 수 있게 되었다.

그러므로 친구, 친족, 관심사와 활동 등을 포함하는 의미 있고 가치 있는 특정 관계를 기반으로 웹상 또는 모바일상의 서비스로 SNS를 정의할 수 있겠다. 개인들은 친구나 가족들과 연락을 하기 위해, 새로운 친구를 사귀기 위해, 유용한 정보를 공유하기 위해, 공통된 관심사를 가진 사람들이 모여 그룹 활동을 위해 등의 다양한 목적성을 갖고 SNS를 사용하고 있다.

(2) SNS 보안의 중요성

최근 온라인 사이트, 금융기관, 대기업 등 업계를 선도하던 기업들도 개인정보 유출 사건으로 하루아침에 소비자들로부터 외면 받는 상황이 발생하고 있다. 특히 SNS상에서는 정보가 실시간으로 확산되는 특성을 가지고 있으므로, 개인정보 유출 등의 보안사고가 발생하면 그 영향력은 이전의 사례들보다 더욱 클 수밖에 없다.

SNS가 사이버 범죄자들에게 강력한 공격 매개체로 인기를 끌고 있는 이유는 SNS가 온라인 범죄 활동에 가장 좋은 표적이 되는 사용자

수와 사용자 간의 높은 신뢰도 등 두 가지 요건을 모두 충족해 악성
코드나 악성링크를 손쉽게 퍼뜨릴 수 있기 때문이다(ENISA, 2007).

SNS 사업자 입장에서는 이용자 확보와 서비스 활성화가 최우선적
인 목표이겠지만, 장기적인 SNS 활동성을 지속시켜 가기 위해선 이
용자 확보와 더불어 안전망을 구축하기 위한 노력 또한 해야 한다.

(3) SNS 보안의 현황

SNS가 인기를 끌면서 공격자들이 새로운 악성코드 전파 통로로
SNS를 주목하고 있는 것으로 나타났다. SNS를 활용한 주요 공격 기
법 중 하나는 복잡한 웹 주소를 짧게 만들어 이메일이나 웹페이지 상
에 효율적으로 공유하기 위해 만들어진 단축 URL을 이용하는 것이
다. 지난해 공격자들은 수백만 개의 단축 URL을 SNS상에 노출시켜
사용자들을 피싱 및 악성코드 사이트로 유도함으로써 감염 성공률이
크게 높아졌다.

또한 인기 있는 SNS가 제공하는 뉴스피드(News-feed) 기능을 악용
해 악성코드를 대량으로 유포하는 공격도 급증했다. 공격자가 탈취한
SNS 계정으로 로그인해 상태(status)를 업데이트하면서 악성 웹사이트
로 연결하는 단축 URL을 올리면, 뉴스피드를 통해 피해자의 친구들
에게 링크가 자동으로 배포되고 수 분 내에 수백 혹은 수천 명의 계
정으로 악성링크가 전달되는 식이다.

시만텍 조사 결과, 2010년 뉴스피드에 포함된 악성링크의 65%가
단축 URL을 사용한 것으로 나타났다. 그중 11번 이상 클릭된 단축
URL은 73%에 이르렀고, 11~50번 클릭한 경우도 33%에 달했다(행정
안전부, 2008).

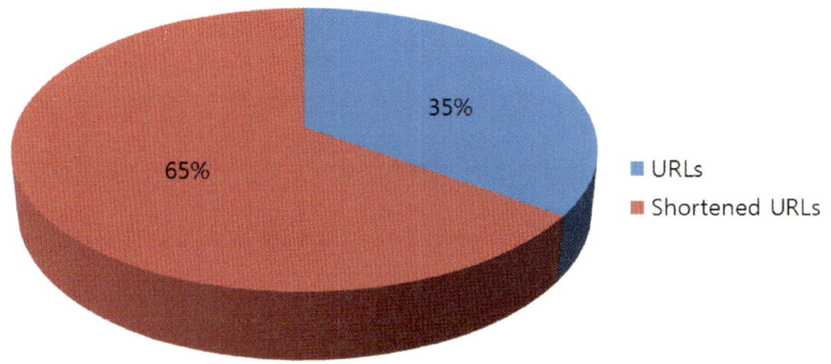

출처: http://www.symantec.com

〈그림 1〉 SNS를 통한 악성 URL/단축 URL 유포

페이스북 등 SNS를 통해 은연중에 노출된 기업들의 중요한 정보들을 통해 외부 사람들은 기업 내부의 운영현황을 자세히 관찰할 수 있다. 고객 관리자가 클라이언트를 SNS의 친구 목록에 등록하면 경쟁 기업에게 중요 고객 정보가 유출될 가능성이 있으며, 이는 고객 기밀 보호 규정에 위배된다.

2010년 3월 West Bank 습격 작전 참전을 명령 받은 이스라엘 병사가 자신의 SNS 프로파일에 관련 사실을 떠벌리는 바람에 이스라엘군이 작전 자체를 포기한 사건 역시 SNS를 통한 조직의 기밀누출의 심각한 사례로 간주된다.

2010년 도미노 피자 또는 Virgin 항공사에 발생된 사례에서 보듯이 고객으로부터 창피를 당한 직원들이 SNS 또는 사진과 비디오 공유 사이트들을 통해 고객들 명예를 실추시키는 내용이 포함된 자료들을 유포하여 기업의 브랜드 이미지를 손상할 수 있다.

해커들은 직원들이 SNS에 등록한 개인정보를 악용하여 보안이 취약한 SNS의 help desk의 인증 절차를 통과한 다음, 직원 신분을 도용하여 직원들의 이름과 소속부서뿐만 아니라 신체적 특징과 생일, 기업 내부 전화번호 등 전화를 통한 신원확인 과정에 사용되는 데이터들을 획득할 수 있다.

2) SNS 보안 위협 유형

(1) 기존 네트워크상의 보안 위협

① SN 스팸

SNS가 급속도로 성장하면서 전통적인 스팸메일이 SNS에서도 불필요한 메시지를 전파하는 SN 스팸이 등장하였다. SN 스팸은 친구 초대, 댓글게시 등을 자동화하는 FriendBox와 같은 특성화된 SNS 스패밍 소프트웨어를 이용하여 자동으로 발송되고 있으며, 바이러스·웜과 같은 악성코드를 포함한 스팸도 발송되고 있다. 회원들 간의 신뢰관계를 바탕으로 하는 SNS에서는 스패머들의 SN 스팸 발송 효과가 기존의 스팸메일보다 상대적으로 크게 작용하고 있다. 친구로 등록되어 있는 회원을 이용하여 스팸을 발송하게 되면 신뢰관계로 인해 연쇄적인 파급효과가 나타나 SNS 전체로 피해가 확산될 수 있고, 이러한 파급효과를 이용한 SN 스팸은 매력적인 문구 사용, 프로파일을 이용한 친구초대를 통하여 제품광고를 할 수 있으며, 피싱을 목적으로 위조된 외부 사이트로 이동하도록 링크되기도 한다. 이러한 SN 스팸은 자동화된 발송으로 인해 트래픽 과부하를 일으켜 SNS 서비스의 가용성에 문제를 발생시키고, 피싱과 악성코드와 같은 악의적인 목적으로 사용되어 SNS에 대한 신뢰 상실을 초래한다.

② 웜·바이러스

바이러스·웜 등과 같은 악성코드는 동영상, 사진 등 파일 콘텐츠에 이식되어 사이트 방문자 혹은 상대방 게시판에 게시하여 크래커들의 악의적인 목적을 위한 수단으로 활용되고 있다. SN 스팸에서 언급했던 것과 같이 SNS는 상호 신뢰를 기반으로 하는 특성을 가지고 있기 때문에 바이러스나 웜이 급속도로 확산될 수 있으며, 악성코드의 감염은 계정손상, 서비스 거부, 피싱 및 트래픽 과부하, 개인정보 탈취 등의 피해를 초래할 수 있다. MySpace는 2006년에 프로파일을 통한 SAMY 바이러스가 급속도로 전파되어 20시간 동안 백만 명의 사용자가 감염되어 사이트를 중단시키는 사건이 발생되기도 하였다 (ENISA, 2007).

(2) 프라이버시 침해 위협

① 개인의 프로파일 수집

SNS상의 프로파일은 제3자가 데이터화할 목적으로 저장되어 프로파일 당사자의 의지와는 다른 목적으로 사용될 수 있다. 디스크 저장장치 및 다운로드 등과 관련된 비용이 감소하여 프로파일 저장 능력이 향상되었고, 변경된 정보를 쉽게 추적 및 저장할 수 있게 되면서 제3자는 상세검색을 통해 원하는 요건을 가진 사람들만을 간추려 낼 수 있게 되었다.

제3자로부터 수집된 프로파일의 개인정보를 변경·삭제하여 그릇

된 정보로 당사자에게 손해를 입힐 가능성이 있고, 정확하지 않은 내용의 프로파일이 생성되어 오·남용되는 경우에 명예훼손 등 손해를 입힐 수 있다.

② 2차 개인정보 수집

프로파일과 같이 공개된 개인정보 외에 접속·이용 시간, 접속위치(IP 주소), 방문자 정보, 송수신 메시지 등 부가적인 2차 개인정보를 수집하여 프로파일 당사자의 동의 없이 수집된 정보가 수집자의 목적에 따라 다양하게 활용될 수 있다. 이러한 2차 개인정보는 정보수집·공개 관행의 투명성이 결여되어 취미, 관심사항 등 프로파일 중 공개 항목과 범위에 대한 기준이 모호하여 쉽게 수집이 가능하다.

2차 개인정보를 이용하여 고객에 대한 맞춤형 서비스를 제공할 수 있는 장점이 있는 반면, 광고, 가격차별화 등을 위해 제3자에게 2차 개인정보가 매매될 수 있다. MySpace의 경우 이용자 정보당 35달러의 가격(2006년)이 책정되어 있는 등 SNS를 이용하여 취득한 개인정보가 금전적인 목적으로 거래되어 개인 맞춤형 광고 등에 사용되었다 (ENISA, 2007).

③ 완전한 계정 삭제의 어려움

SNS 사이트에서 회원탈퇴를 했음에도 불구하고 댓글, 콘텐츠 등 2차 개인정보는 잔존할 가능성이 높다. 2차 개인정보는 수동으로 일일이 제거하지 않으면 완전 삭제가 불가능하며 완전제거를 위해서는 많은 작업 단계가 필요하므로 현실적으로 어렵다. 또한 대부분의 SNS 사이트들이 장기간 미사용 계정을 활성화하면 재사용 요청 메시지 등에서 보듯이 SNS 사이트는 개인정보를 백업하고 있다.

SNS 사이트는 이용자가 탈퇴하더라도 개인정보를 지속적으로 저장하기 때문에 이용자들은 자신의 계정 통제권을 상실할 수 있다. 하지만 유럽의 경우에는 정보의 삭제 또는 정정을 위한 도구를 제공하지 않는 사이트는 사생활 보호명령 95/46(Directive 95/46/EC)에 위배될 수 있다. 우리나라의 경우에도 「정보통신망 이용촉진 및 정보보호 등에 관한 법률」에서 개인정보 수집 목적을 달성한 때에는 개인정보를 지체 없이 파기하도록 규정하고 있다.

(3) 아이덴티티(ID) 관련 위협

① SNS를 이용한 피싱

피싱 공격은 본래 금융기관 등의 웹사이트나 거기서 보내온 메일로 위장하여 개인의 인증번호나 신용카드번호, 계좌정보 등을 빼내 이를 불법적으로 이용하는 사기수법이다. 개인들의 신뢰를 기반으로 인적 네트워크가 형성된 SNS 환경에서는 이러한 피싱 공격이 보다 지능화되어 스피어 피싱(spear phishing)이라는 새로운 형태의 공격이 등장했다. 이 공격은 조직 내의 신뢰받는 특정인을 대상으로 ID 및 패스워드 등의 정보를 요구하는 것이다. 즉, SNS의 프로파일 및 친구 목록을 이용하여 개인정보를 탈취하는 수법이다.

인디애나 대학(University of Indiana)의 연구에 따르면 SNS를 이용한 피싱 공격은 72%의 성공률을 보이고 있다고 한다.

SNS는 이용자들 간의 신뢰관계를 바탕으로 네트워크가 형성되고 제공되기 때문에 피싱 공격의 파급 효과가 더욱 클 뿐만 아니라, SNS

를 이용한 피싱 공격은 전파속도가 더욱 빨라진다. SNS를 이용한 스피어 피싱은 여타 다른 피싱과 동일한 위험뿐만 아니라 계정 탈취, 명예 및 금전적 손실을 야기한다.

② 네트워크 침입을 통한 정보유출

SNS상에선 많은 교류 그룹이 있어야 한다는 문화적, 사회적, 상업적 이유로 인해 타인에 대한 신뢰 없이 친구요청을 수락하는 경우가 빈번하다. 이러한 점을 이용하여 가짜 ID로 타인과 '친구 맺기'를 통해 개인 정보를 획득하는 경우가 발생하고 있다. 특히, FriendBot, FriendBlasterPro 등의 상대방과 허위로 '친구 맺기'가 가능한 자동화된 소프트웨어를 이용하여 개인정보를 획득한다(한국정보보호진흥원, 2007).

③ 개인 프로파일 위조 및 명예훼손

SNS상에서 유명인 또는 유명 상표에 대한 명예훼손을 목적으로 가짜 프로파일이 생성 가능한 점을 이용한 방법이다. 이러한 허위 프로파일은 자신의 일방적인 주장을 나타낼 뿐 이를 확인할 수 있는 수단이 미흡하기 때문에, 명예훼손, 피싱, 허위 마케팅 등에 사용한다.

친구 관계를 맺은 후에 상품광고 발송 등 마케팅 수단으로 사용될 수 있으며, 허위 프로파일은 공개적으로 특정인 혹은 단체의 명예를 훼손하기 위해 만들 수 있고, 신뢰획득 후 피싱 공격을 가할 수 있다.

(4) 사회적 위협

① 사이버 스토킹

사이버 스토킹(cyber stalking)이란, 이동통신, 이메일, 대화방, 게시판 등의 정보통신망을 이용해 악의적인 의도로 지속적으로 공포감과 불안감 등을 유발하는 행위이다. 모바일 기기를 이용하여 접속할 수 있는 SNS는 위치 데이터를 통해 스토커가 대상을 추적할 수 있는 방법을 제공하기 때문에, 시간과 장소를 불문하고 상대방을 괴롭힐 수 있다.

사이버 스토킹은 방법의 손쉬움에 비하여 피해자에게 미치는 효과가 적지 않다. 오프라인에서 이루어지는 스토킹에 비해 신체적 접촉을 포함하고 있지 않다는 이유로 가볍게 생각하거나 죄책감을 갖지 못하는 경우가 많다. 인터넷 및 SNS의 파급력과 현대 생활영역에서 차지하는 중요성을 고려해 볼 때 피해자들에게 미치는 정신적 충격은 오프라인 상에서의 스토킹에 못지않다고 하겠다.

② 사이버 괴롭힘

사이버 괴롭힘(Cyber Bullying)은 이동전화 및 인터넷을 이용하여 실행되는 반복적이고 의도적인 가해 행위를 말하며 SNS의 확산과 더불어 증가했다. 사이버 괴롭힘은 인물검색, 프로파일, 친구그룹을 형성하는 블로그, 메신저, 메시지, 대화방, 커뮤니티 등의 도구를 이용하여 이루어진다. SNS는 단체 내 커뮤니케이션의 용이성, 익명성, 가짜 프로파일, 게시판, 메신저, 대화방 등과 같은 SNS의 도구 특성 등으로 인해 집단적 괴롭힘에 취약하다.

③ 산업 스파이

사회공학(Social Engineering) 기법을 이용한 공격이란, 신뢰할 수 있는 사람으로 가장하여 다른 사람들로 하여금 자신의 목적을 위해 행동하도록 만드는 기술을 지칭한다. 기업의 지적재산권 탈취 및 내부자에 대한 접근권한을 획득하여 보다 광범위한 범죄가 유발될 가능성이 있다.

SNS를 이용한 사회공학적 공격은 증가하고 있으나 기업 IT 기반에 대한 위협은 과소평가되고 있다. 사회공학적 공격은 기업의 민감한 정보 탈취에 기술보다는 사람을 이용하며, 이러한 공격의 특성상 기업이 공격을 감지 못하는 사이에 정보가 유출된다.

산업 스파이는 기업의 네트워크를 해킹하여 손상을 입히거나, 직원을 협박하여 고객정보를 유출하거나, 물리적 자산에 접근하기도 한다. SNS의 커뮤니티 가입 등에 제공되는 정보에 대한 사생활 보호 설정이 미흡한 경우 사회공학적 공격에 이용될 수 있다.

3) SNS 사업자의 이용자 보호 정책

기존의 인터넷 환경에서 볼 수 있는 보안사고 유형도 있었지만, SNS의 특성에 맞춘 새로운 패턴의 보안사고 또한 등장했음을 알 수 있다. 특히, SNS는 개인의 일상정보 등을 담고 있어 보안사고가 일어날 경우 직접적으로 피해를 받고 있는 이용자 또한 증가하였다.

언제 어디서나 자유로운 소통과 관계의 장을 마련하기 위해서는 SNS 이용자와 정부의 정책적 대응 또한 중요하나, 무엇보다 서비스 제공자인 SNS 사업자가 보안 시스템을 구현하는 데 관련 사항을 미리 예측하고, 이를 대비하는 자세로 운영의 효율성을 고려해야 한다.

본 보고서에서는, SNS 사업자의 관점에서 보안사고에 대비하여 어떤 '정책적' 대응 방안과 '기술적' 대응 방안을 제안해 보고자 한다.

(1) 정책적 대응 방안

대부분의 SNS 업체들은 개인정보보호를 위한 정책적 대응 방안이 마련되었고 이용자들에게 이를 명시하고 있다. 본 연구에서는, SNS 업체들에게 정책적 대응 방안에 대한 제안을 하고자 한다.

첫째, 사용자 인증제도 및 접근 통제 기능을 수행해야 한다. 엄격한 인증 및 접근 제어를 통해 성실한 회원과 유령 회원 및 스패머 중 악의적 사용을 위한 회원을 구분하여 여과할 수 있는 수단을 마련해야 한다. 예를 들면, ID 자동생성 방지기능을 위한 CAPTCHA(Completely Automated Public Turing test to tell Computers and Humans Apart, 자동생성방지기능), 초대에 의해서만 가입이 가능한 시스템 등을 이용하여 악의적 목적을 위한 SNS 사용을 방지하는 정책을 활용할 수 있다.

둘째, 보안 의식 수준을 높이기 위한 홍보 및 교육에 대한 책임의식을 갖고 이를 수행해야 한다. 이를 통해 SNS를 통한 사회공학적 보안 공격 유형을 대비하고, 직원들의 보안 의식을 고취하는 보안 정책이 필요하다.

셋째, SNS 사업자는 다른 회원의 정보를 제공하기 전에 정보제공의 적절성을 확인하는 절차를 거쳐야 한다. 괴롭힘(Bullying), 피싱, ID 불법점유 등으로 인한 SNS 오용 가능성을 최소화하기 위해 약관에 관한 위반행위를 규제하는 시스템을 정비해야 한다.

넷째, 신규 계정 생성 시 기본 개인정보 공개 선택사항 설정을 변경하는 경우가 거의 없으므로 SNS 공급자는 가입자의 나이 및 선호도에 맞게 사생활 보호 설정을 자동으로 제한할 수 있는 방법을 모색해야 한다.

다섯째, SNS 사업자는 계정 삭제 시 자신의 콘텐츠를 편집·삭제할 수 있는 도구를 제공해야 한다. 타인의 블로그·홈페이지 등에 게시한 댓글, 콘텐츠 등을 수정·편집·삭제할 수 있는 도구를 제공하여 이용자들의 표현의 자유와 더불어 그들 스스로를 보호할 수 있는 최소한의 활동 반경을 마련해 두어야 한다.

여섯째, 개인정보보호정책 및 도움말 페이지에 개인 회원탈퇴와 관련된 개인정보 수정·편집·삭제 방법을 알기 쉽게 공지해야 한다.

일곱째, 가이드라인 내에는 사용자가 프라이버시 침해 위험성에 대한 스스로의 지표를 세울 수 있도록 SNS의 기본 설정, 혹은 변화된 기본 설정 알림 및 새로운 서비스와 관련한 프라이버시 정책을 숙지하도록 하는 내용이 포함되어야 한다.

기존의 정책적 대응방안을 명시한 가이드라인은 이용자에게 수동적으로 다가오고, 접근성이 떨어지는 정보였으나, 페이스북의 경우, 보안과 프라이버시 관련 정책을 뉴스피드를 통해 이용자들과 함께 공유하고 소통하는 방식으로 운영하고 있다. 따라서 특정 보안사고 이슈에 대한 부각을 통해 이용자들이 어떻게 스스로를 보호할 수 있는지, 회사에서는 어떤 식으로 이를 보호하기 위한 일련의 활동을 하고 있는지 소통하기 때문에 상호 작용적인 정책적 대응 방안의 좋은 사례로 꼽을 수 있다.

(2) 기술적 대응 방안

① 인터넷 인증

SNS 이용자의 개인정보를 보호하기 위해 SNS 운영 정책 및 관리수준을 객관적으로 평가하고, 콘텐츠의 유해성 여부를 정보제공자가 자율적으로 관리할 수 있는 방법이 필요하다. 개인정보보호인증제도는 이용자와 공급자 간 신뢰관계를 조성하여 인터넷 이용자를 보호하고 안전한 사용여건을 마련하기 위한 제도이다. 인터넷 내용 등급 서비스는 정보제공자가 객관적 등급기준에 따라 자신이 제공하는 정보에 자율적으로 등급을 표시하면 이용자가 내용선별 S/W를 이용하여 자신의 수준에 맞는 정보를 선택한다.

② 자동화된 필터링 시스템 구축

SNS의 보안을 위협하는 스팸, 웜, 피싱, 바이러스 등 공격적이고 불법 유해 콘텐츠들이 계속적으로 증가되고 있는 추세이다. 이러한 악성코드들은 SNS 이용자, 사업자 모두에게 심각한 피해를 줄 수 있으므로 이를 방지하기 위한 필터링 기법이 필요하다. 필터링 기법은 문화적 특성이나 유행 등을 반영하지 않기 때문에 인적 개입을 대체할 수 없지만 자동·반복적으로 생성된 콘텐츠에 대해서는 효과적으로 방어할 수 있다.

일반적으로 이메일에서 사용되는 스팸과 바이러스 필터링 기법은 메시지에 들어 있는 특정 문자열을 찾는 직접 탐색, 문자열 패턴을 찾는 패턴 탐색, 스팸을 보내고 전달한다고 알려진 공개된 호스트 목록인 블랙리스트 탐색 등의 다양한 기법을 조합하여 스팸 필터 품질을 높이고 있다.

이러한 이메일 스팸 필터링 기법을 SNS에 적용시켜 스팸, 웜, 바이러스 등의 공격을 미리 차단할 수 있을 뿐만 아니라 과도한 트래픽을 유발하는 상업적인 광고성 콘텐츠를 효과적으로 방지할 수 있다. 또한 필터링 기법은 SNS의 평판 시스템과 결합될 시에는 효율성이 더욱 증대될 수 있다.

③ 프라이버시 보호 도구 제공

이용자들의 SNS 활용에 있어서 기본적인 프로필 이미지를 게시하는 것이 일반적이며 SNS상에는 수많은 프로필 이미지가 존재한다. 이러한 이미지들은 간단한 검색을 통해 누구나가 쉽게 접근하여 다양한 목적으로 활용이 가능하므로 SNS 운영자는 무분별한 프로필 이미지 태그 등을 방지하기 위해 데이터 주체의 사생활을 보호하기 위한 도구를 제공할 필요가 있다.

이미지 주체의 동의 없이 데이터에 태그를 부착하는 것은 자기 정보 통제권을 위반하는 것이지만 기존의 많은 SNS 사업자들은 개인 스스로가 태그 부착 여부를 통제할 수 있는 방법을 구현해 놓고 있지 않고 있다. SNS 사업자는 개인의 정보 통제권을 보장하기 위해 모든 이미지에 프로필 태그 부착 허용, 태그 부착 전에 프로필 소유자의 동의 요청, 태그 부착 금지 등과 같은 선택방법을 부여해야 하고 태그 작업이 요청되는 즉시 자동적으로 이미지 당사자에게 전자우편, 메시지 등을 발송하게 하는 방법 등을 고려해 볼 수 있다.

④ 스파이더링, 대용량 다운로드 제한

SNS 운영자는 연구목적을 제외한 다른 용도로 사용되는 스파이더링과 대용량 다운로드를 제한하여 불법적인 개인정보 수집활동을 방지할 필요가 있다. 스파이더링(spidering)은 검색엔진의 색인에 들어갈 내용을 만들기 위해 웹사이트들을 방문하여 웹페이지 및 기타 여러 가지 정보를 읽어 오는 것을 의미하는데 스파이더링을 통해 SNS 이용자들의 동의 없이 개인정보를 자동적으로 수집이 가능하여 프라이비시 침해가 발생하고 있다. SNS 운영자는 CAPTHCHA, 대역폭 스로팅과 같은 도구를 사용하여 대규모 프로파일 다운로드 방지 및 위조 계정 생성 방지책을 마련해야 한다.

⑤ 검색결과에 대한 프라이버시 보호 강화

검색결과는 타인에게 정보제공이 제한된 데이터를 종종 제공하는 경우가 있어 개인정보를 취합하는 강력한 도구로서 활용이 가능하다. 주제별 검색을 허용할 경우 인명록 생성이 가능하고, 이를 오용하여 개인정보를 수집 및 스토킹, 스팸, 기업 첩보활동에 이용 될 수 있다. 따라서, 검색 결과에 대해 프라이버시 보호 수준을 사용자가 선택하여 사용자의 민감한 개인정보가 검색결과를 통해 수집될 수 없도록 하여야 한다.

⑥ 스팸·피싱 방지를 위한 기술적 대응

필터링 기법을 통한 스팸, 피싱 등으로부터 SNS 보안 위협에 대한 보호 강화뿐만 아니라 도핑, 스팸 덱싱 등 사회망 기술에 기반을 둔 스팸 측정 방법 도입이 필요하다. 무분별하고 부적절한 텍스트 링크, 이미지 링크에 표시를 하거나 링크를 금지하는 등의 기법을 이용하고 피싱에 대한 일반인들의 인식을 제고시켜야 한다.

03
결론

표현의 자유와 사생활 침해라는 모순된 관계에서 SNS 사업자들은 서비스 계획 단계에서부터 양립되는 이 두 가지를 모두 고려할 중요한 요소이다. 보안사고에 대한 배려가 없는 서비스는 아무리 많은 이용자를 확보한다고 하더라도, 한 번 사고가 나는 순간 그동안 쌓아 온 명성과 신뢰가 한순간에 무너질 수 있기 때문이다.

사회적 인적 네트워크를 온라인 공간으로 전이하여 개인의 일상, 관심사 공유 등을 통해 인맥구축, 네트워크 및 인간관계 신뢰성 형성을 지원하는 SNS는 전 세계적으로 지속적으로 성장할 것이다. SNS는 모바일과 결합되어 서비스 기반을 확대하고 있으며, 새로운 인간관계를 형성하고 사회 전반에 걸쳐 패러다임 변화를 유발하고 있으며, 온라인 세계와 현실세계의 경계가 붕괴되어 새로운 사회문화를 형성하고 다양한 온라인 비즈니스 모델을 구축하는 등 사회변화의 동인으로 작용하고 있다.

SNS는 스팸, 악성코드 배포 수단, 개인정보 수집·저장과 같은 프라이버시 침해, ID 관련 위협, 스토킹, 기업 첩보활동의 사회적 위협 등 부작용을 내재하고 있다. SNS는 회원 간 신뢰관계를 바탕으로 하기 때문에 악용 시에는 그 파급력이 크며, 확산 속도 또한 높다.

본 연구에서 알아본 기술적, 정책적 대응방안도 물론 중요하나, 궁극적으로 기업의 가장 큰 숙제는 사용자의 사이버 윤리 의식을 강화시켜 개인의 피해를 막는 것은 물론 타인에게 물리적, 심리적 피해를 가하지 않겠다는 정보보호 중요성을 숙지시킬 책임과 의무를 다하는 것이다.

SNS 역기능을 예방하기 위해 SNS 사업자들은 적극적인 정보보호 정책 추진 및 중장기적인 연구개발 등 다각적인 노력이 필요하다. 역기능을 방지하고 이용자를 보호하기 위한 지속적인 정보보호 인식제고, 모범사례 공유 및 상호 협력이 필요하며, 자동화된 불법 콘텐츠 여과 시스템 구축, 사생활 보호도구 이용 활성화, SNS 신경향에 대한 연구 및 기술적 대응 노력이 필요하다.

참고문헌

동아일보, 2011. 04. 07, http://news.donga.com/3/all/20110406/36215085/1.

"소셜 네트워크 환경에서의 위협 및 대응방안", 한국정보보호진흥원, 2007. 12.

"온라인 소셜 네트워크(Social Network) 환경에서의 보안위협과 시사점", 행정안
전부 정보화 전략실, 2008.

"해커들 꼼짝마", ZD넷코리아, 2011. 05. 15, http://www.zdnet.co.kr/news/news_
view.asp?artice_id=20110513171610&type=xml.

NHN, '미투데이'로 모바일시장 공략 가속, 뉴스토마토, 2010. 03. 03,
http://news.etomato.com/Home/ReadNews.aspx?no=81325.

SNS 애플리케이션의 위협, 베타뉴스, 2011. 05. 11, http://www.betanews.net/article/
539599.

SNS 범죄수사·의료정보 교류에 활용,
<서울신문>, 2011. 05. 03, http://pann.news.nate.com/info/251115528.

ENISA, Security Issues and Recommendations for Online Social Networks, ENISA
Position Paper No.1, 2007. 10.

Marc Fossi et. al, "Symantec Internet Security Threat Report Trends for 2010",
Symantec, Volume 16, 2011.

V

인터넷 보안 강화를 위한 ActiveX의 대체방안

요약

    사용자와 개발자 모두에 높은 편리성으로 ActiveX는 국내 인터넷 환경에서 일반 응용 프로그램과 웹을 연결시켜 주는 웹 응용 대표 기술로 사용되어 왔다. 하지만 최근에 DDoS 공격의 원인이 된 좀비 PC를 만드는 악성코드 감염 경로로 활용되는 등 인터넷 보안의 취약점에 대표적 원인으로 떠오르고 있다. 인터넷 이용자의 90% 이상이 IE(인터넷 익스플로어)를 사용하는 국내 환경에서 문제의 심각성은 더 클 수 밖에 없다.

    다른 국가와 다르게 ActiveX가 활성화된 국내의 환경과 배경을 조사하고 그로 인해 발생된 보안의 이슈들을 파악하여, 해당 문제점을 개선하기 위한 대체 기술과 국내의 정책동향을 분석하고 해외의 현황과 국내의 실제 개선 사례를 조사함으로써 ActiveX와 관련된 종합적인 분석 보고서를 도출하고자 한다.

연구 배경 및 목적

1990년대 말 정부가 전자상거래의 활성화를 위해 도입한 ActiveX는 지난 10여 년간 금융기관, 전자상거래, 게임 사이트 등 대부분의 웹사이트에서 원활한 서비스를 위해 일반적으로 사용되어 왔다. 이에 따라 사용자들은 ActiveX 서비스를 이용하기 위해 IE를 사용할 수밖에 없게 되었고, 국내 IE 점유율 90%라는 결과를 낳게 되었다. 이러한 사회적 분위기로 인해, ActiveX를 통해 악성코드가 유포될 수 있음에도 불구하고 사용자들은 특정 사이트에 방문할 때마다 무의식적으로 ActiveX 설치에 동의하고 있는 실정이다. ActiveX를 남용함으로써 사용자 PC의 자원이 고갈당하거나 IE에서만 작동하는 ActiveX의 특성 때문에 Firefox, Chrome 등 웹 브라우저 사용이 제한되어 서비스 이용에 불편을 초래하고 있다.

하지만 무엇보다도 ActiveX의 사용으로 야기되는 가장 큰 문제는 보안이다. IT강국 이란 말이 무색할 정도로 한국은 보안 관련 보고서마다 악성코드 유포, 감염 순위에서 상위권에 속하고 '트위터를 통한 악성 ActiveX 코드 감염'에 2위로 랭크되는 등 ActiveX에 대한 문제점이 점점 커지고 있다. 최근 이슈가 되고 있는 DDoS공격에 사용된 국내 좀비 PC들은 대부분 웹하드 사이트의 ActiveX로 인해 감염된 것으로 나타났다.

인터넷 사용 환경의 편의성을 바탕으로 활성화된 ActiveX가 인터넷 보안 문제의 주요 원인으로 지목됨에 따라 ActiveX를 대체할 새로운 기술의 개발 및 보급과 ActiveX에 고착(Lock-in)되어 있는 국내만의 인터넷 환경 개선을 위한 정책적인 지원이 필요한 시점이다.

02
ActiveX의 이해

ActiveX란 마이크로소프트(MS)사가 브라우저에서 멀티미디어 파일을 재생하거나 웹서비스를 지원하기 위한 방식인 넷스케이프의 플러그인 아키텍처에 대항하기 위해 개발된 기술로 윈도우95/NT에서 C++·비주얼베이직·자바 등으로 제작한 다양한 애플리케이션을 웹 서버에서 공유하여 실행하기 위해 제공되고 있다.

또한, ActiveX는 멀티미디어 실행프로그램을 지원하여 AVI(Audio Video Interleaved), MPEG(Moving Picture Exports Group) 동화상을 재생시켜 주며 문서 필터링을 통해 엑셀이나 워드 등 HTML문서가 아닌 것도 웹 브라우저에서 볼 수 있게 해 준다. 한편 이 기술은 마이크로 소프트사의 IE에서만 동작되는 기술로 사용자가 웹페이지에 접속하면 자동으로 설치된다.

국내에서의 ActiveX를 사용하는 기능은 공인인증, 키보드 보안, 방화벽, 금융데이터 및 보안 메일 암호화 등 보안 기능, 동영상 및 이미지 플레이어 등 멀티미디어 기능, 파일 업로드 및 다운로드 등 대용량 파일 업다운로드 기능, 프로그램 업데이트 및 자동 설치 기능, 검색도우미 등 제3자 데이터베이스(DB) 검색 기능, 차트, 그래픽 등 대용량 데이터 전송과 UI 처리 기능 등이 사용되고 있다.

특히 ActiveX를 사용하고 있는 웹사이트는 대부분 공인인증, 키보드 보안, 금융데이터 암호화 기능을 사용하고 있다. 공인인증서 처리 ActiveX는 웹 브라우저로부터 설치되어 파일시스템에 저장되어 있는 공인인증서와 개인키를 처리하여 로그인과 전자서명 처리를 수행한다.

1) ActiveX 국내 활성화 배경 및 현황

외환위기 이후로 IT기술의 활성화를 위해서 정부차원에서의 전자상거래 활성화의 결과로 1999년에 최초로 인터넷뱅킹 서비스가 등장하였고 이와 더불어 보안문제가 대두되었다. 당시에 사용되던 웹 브라우저들이 128bit 암호화 기능을 갖추고 있지 않았었고 이것을 대체하고자 128bit 암호화 기술을 가진 미국에 기술 이전 요청을 하였지만 수출 금지 문제로 기술을 가져오지 못하였다. 이에 따라 KISA(한국정보보호진흥원)에서 Seed라는 128bit 대칭키 블록 암호화 알고리즘을 개발하였고, 이것을 브라우저에 탑재하기 위해 ActiveX 컨트롤을 사용하게 된 것이 국내 ActiveX 활성화의 시작이라 할 수 있다.

이후 2000년에 모든 브라우저에 128bit 암호화 기능이 내재화되게 되었으며 넷스케이프사가 개발한 보안 프로토콜인 SSL(Secure Sockets Layer)이 로열티가 없는 국제 표준으로 정해지고 세계적으로 SSL을 사용하기 시작했지만, 국내에선 이미 ActiveX를 이용한 Seed 보안기술이 보편화되어 있었기 때문에 현재까지 ActiveX를 사용하고 있다.

또한 우리나라에서 ActiveX를 사용할 수 있는 MS사의 IE의 사용률이 약 98%(2003~2011. 5월)에 달하는 만큼 IE에 대한 의존율이 매우 높고, 방송통신위원회(2011)에 따르면 국내 주요 웹사이트의 100개 중 72개의 사이트에서 멀티미디어, 전자결재 등의 웹 서비스가 IE의 ActiveX 프로그램을 통해서만 서비스가 가능한 것으로 나타났다.

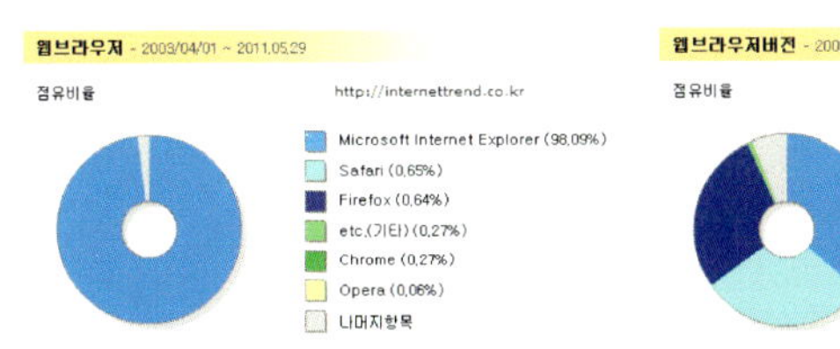

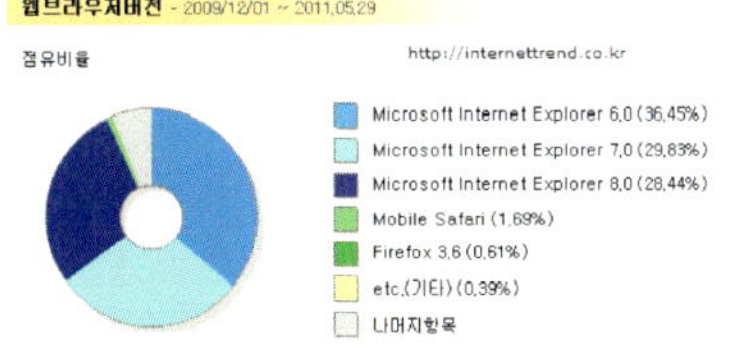

〈그림 1〉 웹 브라우저 사용 현황
〈그림 2〉 웹 브라우저 버전별 사용 현황

국내 대부분의 웹 사이트들이 ActiveX를 이용하여 서비스를 하고 있기 때문에, 인터넷 사용자들은 웹 브라우저로 IE를 사용할 수밖에 없을 뿐만 아니라, ActiveX 특성상 손쉬운 설치가 가능하여 사용자 대부분은 IE에 고착(Lock-In)된 상태이다. 이에 따라 인터넷 사용자들은 ActiveX 사용에 따른 여러 가지 보안문제가 있음에도 불구하고 타 브라우저를 사용해야 할 만한 필요성을 느끼지 못하고 있다.

이처럼 특정 브라우저에서만 동작되는 ActiveX 프로그램이 인터넷 서비스에 과도하게 편중되어 있고, 해당 브라우저의 오래된 버전의 사용과 결합되어 다양한 웹 브라우저를 지원하는 인터넷 서비스에서의 신기술과 서비스 확장을 억제하고 있다. 또한 기술지원과 보안패치가 제공되지 않는 오래된 버전의 브라우저에 의한 보안 위협이 증가하고 있지만, 오래된 버전의 브라우저 사용이 사용자, 서비스 제공자 및 관련 정부기관의 보안 위협 대응의 제약요소로 작용하면서 국내 인터넷 보안의 적절한 보안 대책 적용에 방해가 되고 있다.

2) ActiveX 보안 문제점

JAVA의 기본 보안모델은 신뢰할 수 없는 코드를 샌드박스(Sandbox, 아이들이 다치지 않고 놀 수 있는 모래로 만들어진 공간으로서 안전한 공간 또는 격리된 공간을 의미)에서 실행하지만, ActiveX의 기본 보안모델은 신뢰할 수 없는 코드는 아예 실행하지 않는 모델이다(한승훈, 2007). ActiveX는 전자서명(Digital Sign)을 이용하여 개발자가 배포한 올바른 배포본이 맞는지, 악의적인 제3자에 의해 배포본이 수정되지 않았는지 여부를 검증하는 방식을 사용하는 신뢰모델이라 할 수 있다. 이 신뢰기반의 모델은 근본적으로 ActiveX Control이 올바른 배포본이며, 악의적인 코드가 포함되어 있지 않다는 조건하에 성립되는 제한사항이 있다. 앞서 살펴본 것과 같이 대부분의 웹 사이트에서 ActiveX를 이용한 서비스를 제공하고 있고 사용자들은 'ActiveX를 설치해야만 정상적인 서비스를 이용할 수 있다'는 생각으로 이 ActiveX Control이 양성인지 음성인지 판단할 수 없을 뿐만 아니라 무의식적으로 ActiveX 설치 동의를 하고 있다. 7.7 DDoS 사건과 같이 DDoS에 사용되는 좀비PC 악성코드 역시 인터넷 사용자들이 무의식적으로 ActiveX를 설치한다는 점을 악용하여 배포되기도 하였다.

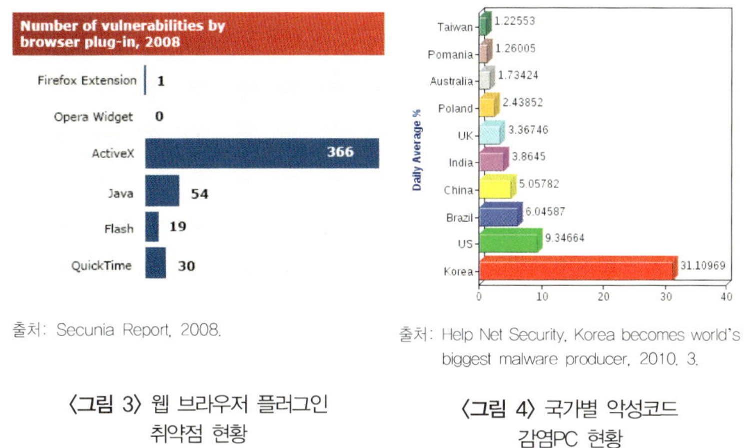

출처: Secunia Report, 2008.　　　　출처: Help Net Security, Korea becomes world's biggest malware producer, 2010. 3.

〈그림 3〉 웹 브라우저 플러그인　　　　〈그림 4〉 국가별 악성코드
　　　　취약점 현황　　　　　　　　　　　　감염PC 현황

　DDoS에 사용되는 좀비PC 악성코드뿐만 아니라 <그림 3>과 같이 수많은 악성코드들이 ActiveX를 통하여 배포되고 있으며, 우리나라에서의 IE점유율을 고려해 볼 때 국내에서의 ActiveX 보안 위협이 심각한 수준이라 할 수 있다. 이러한 상황의 결과로 Network Box의 통계에 따르면 한국이 세계적으로 31%의 악성코드 생산국이라는 결과를 낳기도 하였다.

　뿐만 아니라 Secunia(2008)의 보고서에 따르면 <표 1>과 같이 MS사의 IE는 Mozilla Firefox에 비해 노출된 웹 브라우저 취약점에 대한 보안패치가 빠르게 이루어지지 않고 있으며 길민권(2007)에 따르면 대다수의 인터넷 사용자들은 보안패치에 대해 관심조차 없는 것으로 나타났다.

<표 1> IE와 Firefox의 노출된 취약점에 대한 대응 비교

	위험도	알려진 날짜	패치 날짜	패치까지 걸린 일수
Internet Explorer				
SA30857	보통	2008-06-26	2008-10-14	110
SA30851	높음	2008-06-26	2008-10-14	110
SA30145	아주 낮음	2008-05-12	해결되지 않음	233
SA30141	낮음	2008-05-14	해결되지 않음	231
SA29453	낮음	2008-03-24	2008-06-10	78
SA29346	낮음	2008-03-12	해결되지 않음	294
Firefox				
SA32192	아주 낮음	2008-10-14	2008-13-11	30
SA32040	아주 낮음	2008-10-01	2008-12-26	86
SA28622	낮음	2008-01-24	2008-02-08	15

출처: Secunia Report, 2008.

03
ActiveX 개선방향

1) 국내 정책 변화

　인터넷이 웹 표준 환경으로 전환되고 있는 가운데 정부주도의 웹 표준 환경개선이 가속화되고 있다. 방송통신위원회는 2011년 3월 30일 ActiveX 대체기술 적용 확산, 웹 브라우저 이용 다양화 및 웹 환경 고도화 등을 골자로 하는 '인터넷 이용환경 개선 추진계획'을 발표했다.

　방통위는 2014년까지 국내 주요 100대 사이트 대상 웹 표준 적용 및 인터넷 이용자의 다양한 브라우저 선택권 보장 등을 추진할 계획이다. 이를 위해 ▲ ActiveX 대체기술 연구개발 ▲ 주요 100대 사이트 ActiveX 대체기술 적용 지원 ▲ ActiveX 대체기술 보급 교육 추진 등 ActiveX 대체기술 적용 확산을 위한 3개 과제와 함께 ▲ 구 버전 브라우저 업그레이드·다원화 추진 ▲ 차세대 웹 표준(HTML5) 전환 가속화 등 브라우저 다양화 및 웹 환경 고도화를 위한 2개 과제를 추진한다.

먼저 한국전자통신연구원(ETRI)이 2010년 4월에 개발한 스마트 사인(Smart Sign) 과 같은 ActiveX 대체기술을 지속적으로 개발·보급하고 기업들을 대상으로 웹 호환성 확보를 위한 'ActiveX 대체기술 가이드라인'을 배포할 예정이다. 또한 금융(로그인, 방화벽), 포털(전자결제, 파일업로드), 게임(키보드보안) 등 방문자 수가 많고 개선 파급효과가 기대되는 주요 100대 사이트를 대상으로 분야별 특성에 맞는 대체기술 우선적용 컨설팅 등을 지원한다. 주요 100대 사이트, P2P와 개인쇼핑몰 등 취약 사이트 기술실무자를 대상으로는 KISA가 주관되어 웹 표준기술에 대한 실무교육(연간 200명 대상 4회)도 진행될 예정이다.

구 버전 브라우저 업그레이드 및 다원화를 위해서는 브라우저별 기능 소개 및 다운로드 제공 등 온라인 지원체계가 구축되고, 멀티브라우저 인증제 도입, 구 버전 서비스 종료시점 설정, 브라우저 업그레이드 캠페인 등이 추진된다. 또한 이를 지원하기 위해 정부, 공공기관, 인터넷기업, 전문가, 이용자 등 각계가 참여하는 '인터넷이용환경개선포럼'을 구성하여 운영할 방침이다. 마지막으로 차세대 웹 국제 표준 대응, 표준 전문가 인증제 도입, 표준화 우수 사이트 포상, 표준 활용 모범사례 및 가이드라인 보급 등 차세대 웹 표준(HTML5) 전환 가속화를 위한 과제도 추진해 나갈 계획이다.

비 전	글로벌 선진 인터넷 이용환경 구현

추진 목표	○ 주요 100대 사이트 웹 표준 적용 : '11년 20% → '14년 100% 달성 ○ 인터넷 이용자의 다양한 브라우저 선택권 보장

추진 과제	ActiveX 대체기술 적용 확산	▷ ActiveX 대체기술 연구개발 ▷ 주요 100대 사이트 ActiveX 대체기술 적용 지원 ▷ ActiveX 대체기술 보급 교육 추진
	브라우저 다양화 및 웹 환경 고도화	▷ 구버전 브라우저 업그레이드·다원화 추진 ▷ 차세대 웹 표준(HTML5) 전환 가속화

출처: 방송통신위원회, 인터넷 이용환경 개선 추진계획, 2011. 3.

〈그림 5〉 인터넷 이용환경 개선 추진방향

2) 대안기술

(1) 보안 기술

한국인터넷진흥원(KISA)에서는 '인터넷 이용환경 개선'의 두 가지 추진 과제 중에 하나인 'ActiveX 대체기술 적용 확산'의 실제 실행과제 수행의 하나로 기업에서 ActiveX 대체기술 적용을 검토하거나 진행 시에 활용할 수 있는 'ActiveX 대체기술 가이드라인'을 아래와 같이 배포하였다.

① 공인인증서를 이용한 전자서명

㉠ 기술 내용: 공인인증기관에서 발급한 개인용 공인인증서를 이용하여 거래자 확인과 금융거래 내용의 무결성 및 부인방지를 보장하기 위해 전자적으로 서명하는 기술

㉡ 구현 방안: 공인인증서를 이용한 전자서명 기술을 구현하기 위해서는 플러그인 기술을 사용하거나, 전자서명을 지원하는 전용 소프트웨어를 사전에 설치하여 웹 브라우저 연동을 통해 서비스를 제공할 수 있다. 이러한 경우에는 다양한 웹 브라우저를 지원할 수 있도록 자바애플릿, URL 스킴 등 플랫폼에 독립적인 기술을 이용하여 구현한다.

② 개인방화벽

㉠ 기술 내용: 외부의 불법적인 접근 또는 해킹 공격을 방지하기 위해 서비스 및 프로그램 사용을 제한 또는 통제하는 기술 또는 제품

㉡ 구현 방안: 웹사이트에서 제공하는 개인방화벽 프로그램에 대해서 서비스 제공자는 개인방화벽 프로그램의 설치 여부를 사용자가 선택할 수 있도록 하고, 사용자는 개인방화벽 프로그램을 설치하지 않는 경우 운영체제가 제공하는 방화벽 기능을 활성화하도록 한다. 단 사용자가 웹 사이트에서 제공하는 개인방화벽을 이용하고자 하는 경우를 위해 다양한 브라우저에서 동작이 가능하도록 구현한다.

③ 키보드 보안

㉠ 기술 내용: 키보드에서 입력하는 문자 등이 웹 페이지로 입력되는 과정에서 해킹 프로그램에 의한 중간 가로채기 및 로깅을 방지하기 위해서 사용되는 제품 또는 기술

㉡ 구현 방안: 웹사이트에서 제공하는 키보드 보안 프로그램에 대해서 서비스 제공자는 키보드 보안 프로그램의 설치 여부를 사용자가 선택할 수 있도록 하고, 사용자가 키보드 보안 프로그램을 설치하지 않는 경우에는 웹사이트에서 키 입력 데이터 보호를 위해 가상 키보드 등의 방식의 서비스를 제공한다. 이때 가상키보드는 해당 웹페이지와 통합적으로 구현되어야 한다. 또한 키보드 보안 프로그램도 다양한 브라우저에서 동작이 가능하도록 구현한다.

④ 통신 데이터 암호화

㉠ 기술 내용: 전자금융 거래 정보 및 민감한 데이터가 인터넷으로 전송되는 과정에서는 데이터 노출을 방지하기 위해 전송되는 데이터를 암호화하는 기술

㉡ 구현 방안: 전자금융 및 인터넷상의 민감한 데이터 보호를 위한 통신 암호화를 위해서는 별도의 솔루션을 제공하기보다는 웹 브라우저에서 표준적으로 지원하는 SSL 3.0 또는 TLS 1.0 프로토콜 이상의 버전을 사용한다. SSL 3.0 또는 TLS 1.0 프로토콜의 대칭 키 암호 알고리즘은 128비트 이상의 대칭키를 지원하는 3DES, AES 등을 사용한다. 키 교환 알고리즘은 RSA, DHE 알고리즘을 사용하며, 데이터 무결성을 위한 해쉬 알고리즘으로는

SHA1 이상 해쉬 알고리즘을 사용해야 한다.

⑤ **보안 이메일**

㉠ 기술 내용: 민감한 정보(신용카드 사용내역 등)를 이메일을 통해 인터넷으로 전송하는 경우 데이터 노출을 방지하기 위해 암호화하는 기술

㉡ 구현 방안: POP3 통신 시 서버 측에서는 SSL 통신을 설정하고, 클라이언트 측에서는 SSL 통신을 할 수 있도록 구성하여 암호화된 이메일을 전송하도록 하거나, 사용자가 HTTPS로 웹사이트에 접속하여 정보를 볼 수 있도록 안내한다.

(2) 파일 처리 기술

① **다중 파일 업로드**

㉠ 기술 내용: 이메일 및 게시판 등에서 파일 첨부 시에 여러 개의 파일을 동시에 선택하여 업로드하는 기술

㉡ 구현 방안: HTML5의 파일 API의 'multiple' 속성을 이용한다.

② **다중 파일 다운로드**

㉠ 기술 내용: 이메일 및 게시판 등에 첨부된 여러 개의 파일을 동시에 선택하여 다운로드 하는 기술

㉡ 구현 방안: 다운로드에 필요한 ActiveX 프로그램을 제공하지 않고, HTML 4.0 이상, CSS, 자바 스크립트를 이용하여 웹 프로그래밍으로 구현한다.

③ 파일 다운로드 서비스

㉠ 기술 내용: 웹에서 제공하는 프로그램, 영화, 음악 등의 디지털 파일 콘텐츠를 다운로드하는 기술

㉡ 구현 방안: 다운로드를 관리용 ActiveX 프로그램을 제공하지 않고, 웹페이지에서 운영체제의 인터페이스를 활용하여 다운로드할 수 있도록 HTML 링크를 제공하여 구현한다.

(3) 그래픽/차트 표현

① 그래픽 기술

㉠ 기술 내용: 웹을 통해 다양한 그림 등을 편집할 수 있는 기술

㉡ 구현 방안: XML 기반의 SVG(Scalable Vector Graphics)와 CSS 기술을 이용하여 구현한다.

② 차트 기술

㉠ 기술 내용: 웹으로 데이터를 이용하여 차트, 그래프 등을 도식화하는 기술

㉡ 구현 방안: HTML5의 CANVAS 요소 및 자바스크립트를 이용하여 구현한다. SQL 등의 데이터베이스 관리시스템의 데이터를 활용하여 구현할 경우에는 관련 기술(PHP, JSP 등)을 이용하여 데이터베이스 정보를 전달한다.

(4) 동영상 및 음악 재생

① 동영상 재생

㉠ 기술 내용: 웹을 통해 동영상을 재생하는 기술

㉡ 구현 방안: 다양한 브라우저에서 동영상을 재생하기 위해서는 특정 브라우저에서만 동작하는 기술을 사용하지 않고, HTML5 표준 문서에 정의된 '<video>' 태그를 이용하여 구현한다. 단, HTML5는 최신의 웹 브라우저에서 동작하므로 구형 웹 브라우저 지원을 위해 폴백(Fallback) 기능을 제공해야 한다.

② 음악 재생

㉠ 기술 내용: 웹을 통해 음악을 재생하는 기술

㉡ 구현 방안: 다양한 브라우저에서 음악을 재생하기 위해서는 특정 브라우저에서 동작하는 기술을 사용하지 않고, HTML5 표준 문서에 정의된 '<audio>' 태그를 이용하여 구현한다. 단, HTML5는 최신의 웹 브라우저에서 동작하므로 구형 웹 브라우저 지원을 위해 폴백(Fallback) 기능을 제공한다.

3) 국내 개선 사례

(1) 우리은행 오픈뱅킹

우리은행 2010년 7월 가장 먼저 이용자의 운영체제(OS)에 상관없이 인터넷 뱅킹 서비스를 이용할 수 있는 오픈뱅킹을 오픈했다. 제도적으로 인터넷 뱅킹에서 필요한 보안 프로세스 중, 웹 보안은 SSL 표준 프로토콜을 사용하고 키보드 보안은 가상키보드를 적용했다. 나머지 개인방화벽과 공인인증서는 플러그인 방식을 적용하여 ActiveX를 완전히 제거하였다.

출처: https://u.wooribank.com/

〈그림 6〉 우리은행 오픈뱅킹 사이트

오픈뱅킹 서비스가 제공되는 웹 브라우저 범위는 Internet Explorer, Firefox, chrome, Safari, Opera를 지원한다. 오픈 후, 2011년 1월까지 비인터넷 뱅킹 회원 중 10만 명이 오픈뱅킹에 가입을 했고, 이 중 2천5백 명은 신규고객이었다. 또한 "2010년 웹 어워드 코리아"에서 웹 접근성 부문 '이노베이션 대상'을 수상하였다.

(2) G마켓 웹 표준화 작업

해외사업 확대의 필요성이 증가됨으로 인해 IE에 최적화되어 있는 사이트를 다양한 브라우저 간 호환성 확보에 대한 니즈가 높아져 2008년도부터 웹 표준화 작업을 진행하였다. G마켓 IT기획팀은 두 단계에 걸쳐 웹 표준화 작업을 진행하였다. 첫 번째 단계에서는 Active X와 Visual Basic 스크립트를 대체 가능한 기술로 전환하는 것과 중요 페이지의 표준화 작업이었고, 이를 마친 후 두 번째 단계에서는 표준화 대상 사이트의 범위를 확장하는 가운데 웹 접근성을 개선하는 작업을 진행했다.

웹 표준 중심으로 사이트를 전환한 이후 G마켓은 우리나라 인터넷 업계의 특징 중 하나인 복잡하고 화려한 구조가 아닌 가볍고 빠른 웹 페이지를 통한 고객 서비스가 가능해졌다. 그 결과 페이지 렌더링 속도가 빨라져 고객 편의와 함께 각종 유지 보수비용을 절감할 수 있게 되었다. 또한 W3C의 웹 표준 지원으로 어떤 브라우저를 통해 접속하건 동일한 서비스 제공이 가능해졌을 뿐 아니라 장애인을 위한 접근성 개선 등의 각종 변경 작업도 손쉬워졌다.

4) 해외현황

(1) 해외 인터넷뱅킹 보안현황

아래 <표 2>는 해외 은행들의 보안 특징을 종합적으로 보여 주고 있다. 공통적인 특징으로는 모든 은행들이 SSL 암호화 통신을 지원하고 있으며, Internet Explorer 이외의 브라우저(Firefox 등)에 대한 호환성을 제공한다. 또한, 대다수 은행들이 인증매체로서 OTP를 사용함으로써 인터넷뱅킹 서비스의 보안을 강화하고 있다.

<표 2> 해외 은행 인터넷 뱅킹 보안 특징 비교

국가	은행	인증매체	암호화 방식	비고
미국	Bank of America	-문답식 로그인 인증 -SMS OTP -카드 OTP	EV SSL	평가판 백신 제공
	Citi Bank	이메일을 통한 Secure Authorization Code	SSL	
	US Bank	문답식 로그인 인증	SSL	
영국	Barclays Bank	스마트카드 리더기 OTP	SSL	무료 백신 제공
	Royal Bank of Scotland	스마트카드 리더기 OTP	SSL	무료 개인방화벽 제공
	Lloydes TSB Bank	전화 인증	SSL	
네덜란드	ABN-AMRO Bank	인터넷 뱅킹 전용 단말기	SSL	
	SNS Bank	토큰 OTP	SSL	
	RABO Bank	토큰 OTP	SSL	
호주	Bank of Queensland	토큰 OTP	SSL	계좌번호 및 이체금액 추가입력
	Commonwealth Bank	토큰 OTP(기업고객)	SSL	
	ANZ Bank	토큰 OTP(기업고객)	SSL	
싱가포르	DBS Bank	토큰 OTP	SSL	
	United Overseas Bank	-토큰 OTP -SMS OTP	EV SSL	
	OCBC Bank	-마우스 입력기 -토큰 OTP -SMS OTP -Mobile OTP	SSL	
중국	공상은행	-USB키 인증서 -보안카드 -SMS 인증	SSL	바이러스 백신 키보드보안 프로그램 CAPTCHA 제공
	건설은행	-USB키 인증서 -보안카드 -SMS 인증	SSL	마우스 입력기 (가상키보드) CAPTCHA 제공

중국	중국은행	−OTP −개인인증서	SSL	키보드보안 프로그램 제공
말레이시아	RHB Bank	보안카드＋SMS OTP	SSL	마우스 입력기 (가상키보드)
	Maybank	−SMS OTP −ATM OTP −Telebanking OTP	SSL	
	AmBank	−SMS OTP −Telebanking OTP	SSL	

출처: 금융보안연구원, 해외 인터넷뱅킹 보안현황 조사 보고서, 2010. 2.

(2) 덴마크의 공개소스 기반 인증서 처리 솔루션

OpenOCES로 알려져 있는 이 사업은 덴마크 과학기술부가 덴마크 국영 통신사 TDC와 제휴하여 추진한 것으로, 공인인증서 처리의 전 과정을 자바 기술로 구현한 이 솔루션은 현재 GNU LGPL(상용, 비상용을 불문하고 무료 이용, 변경, 응용 등 가능) 조건으로 전 세계에 제공되고 있다. 이 솔루션을 사용하여 덴마크 국민들은 온라인 세금납부, 국영은행 거래, 온라인 상업 등기 등 공공서비스를 이용하고 있고, 여러 개인 기업, 온라인 결제회사, 학교 등에서도 이 솔루션을 채용하고 있다.

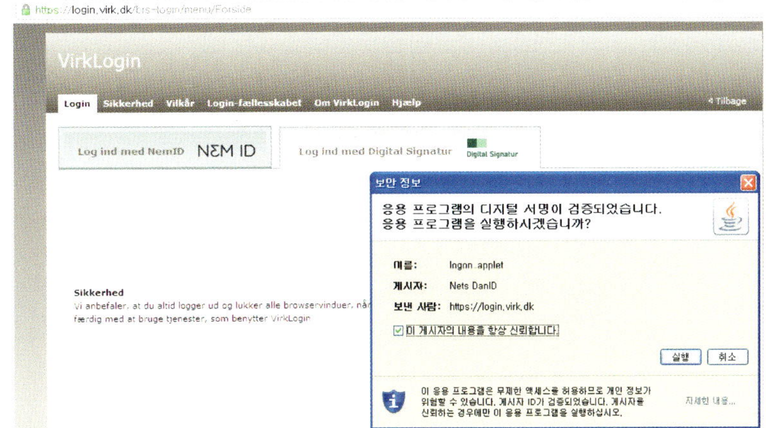

출처: http://www.virk.dk/

〈그림 7〉 OpenOCES가 적용된 덴마크 Virk 사이트

이 솔루션은 Internet Explorer, Firefox, Safari, Opera 등 자바를 지원하는 웹 브라우저는 거의 대부분 이용할 수 있다. 덴마크 과학기술부가 2003년에 국영통신사(TDC)와 이 사업계약을 체결할 때 다음과 같은 두 가지 조건을 내세웠다.

• 운영체제와 브라우저 등 플랫폼에 구애 받지 않고 인증서를 이용할 수 있도록 할 것
• 개발 과정을 모두 공개하여 누구나 참여할 수 있도록 할 것

04
결론

선진 인터넷 환경 구현을 위해서는 정부와 민간이 공동으로 웹 표준 기술사용 및 이용자의 브라우저 선택권을 보장하는 것이 무엇보다 중요하다. 그런 점에서 IE와 ActiveX에 종속되어 자원의 낭비, 웹 접근성 불편, 보안 위협 등의 문제점이 야기되는 악순환의 고리를 깰 필요가 있다. 뒤늦게나마 정부에서 ActiveX 대체기술 적용 확산 및 브라우저 다양화와 웹 환경 고도화를 기본으로 한 '인터넷 이용환경 개선 추진계획' 마련하여 주도적으로 시행하는 모습은 고무적이다. 또한 우리은행과 G마켓의 사례에서 보듯이 오픈 웹으로의 서비스 접근은 비용대비 효과, 보안 위협, 이용자의 사용성에 대한 기존의 우려와 달리 웹 접근성, 보안, 기업 이미지, 효과성 등에서도 긍정적인 결과를 가져오는 것을 확인할 수 있다.

최근 논의가 되고 있는 공인인증체계와 보안에 대한 방법도 선택 가능한 기술을 내놓고 경쟁함으로써 사용자들이 편의성과 선택권, 보안의 균형을 잘 맞출 수 있도록 시장이 움직여야 한다. 물론 윈도우 업데이트, 주기적인 백신 체크 등과 같은 사용자의 개별 보안 의식을 올리는 것 또한 중요하다. 하지만 이런 일반적인 방법 외에도 사회 전반의 보안 비용을 낮추는 노력과 최신 운영체제와 웹 브라우저의 보편적 보안 서비스를 선택할 수 있도록 하는 것은 무엇보다 중요하다.

현재 PC, 모바일, 단말 운영체제와 웹 브라우저의 변화는 우리가 걸어온 길과는 정반대로 가고 있다. 기존의 레거시를 유지하면서는 변화를 따라갈 수 없다. 새로운 변환된 환경에 맞게 기존의 문제점을 개선하려는 움직임이 정부, 기업, 개인 모두에게 필요한 시점이다.

참고문헌

금융보안연구원, (2010), "해외 인터넷뱅킹 보안현황 조사 보고서."

길민권(2007), "네티즌 20%, 보안패치가 뭔지도 몰라", 보안뉴스, 2011. 6. 10, http://www.boannews.com.

김민재 · 장혜영 · 김동진 · 이진영 · 조성제(2009), "퍼징 기법을 이용한 인터넷 서비스 용 ActiveX 모듈의 취약점 분석 방법", 한국정보과학회.

김수용 · 손기욱(2005), "ActiveX Control 취약점 검사 및 검증 기법 연구", 한국 정보보호학회.

박성용 · 문종섭(2009), "보안 인증을 통한 ActiveX Control 보안 관리 모델에 관한 연구", 한국정보보호학회.

방송통신위원회(2011), "방통위, 인터넷 이용환경 개선 추진계획 마련", 보도자료.

오병민(2011), "인터넷뱅킹, 액티브X 없는 오픈뱅킹 전환 탄력 받는다", 보안뉴스, 2011. 6. 10, http://www.boannews.com.

우리은행 오픈뱅킹, http://u.wooribank.com/.

한국인터넷진흥원(2011), "인터넷 이용환경 개선을 위한 ActiveX 대체 기술 가이드라인."

한승훈(2007), "액티브X 취약점에 대한 이해와 보안(1)", 월간 정보보호21c 통권 제82호.

BizSpring, http://bizspring.co.kr/.

Help Net Security(2010), "Korea becomes world's biggest malware producer", 2011. 6. 10, http://www.net-security.org/.

KISA 웹 기술지원센터, http://web.kisa.or.kr/.

Microsoft(2009), "Microsoft Security Intelligence Report", Vol.7.

Secunia Report(2008).

VI

IT 융합서비스 환경에서 IPTV 정보보호 취약점

요약

IPTV는 디지털 TV가 중심이 되어 정보를 주고받는 확대된 인터넷 세상을 지향한다. IPTV 서비스는 방송과 통신의 장점이 고루 융합된 서비스로서 기존 방송 기능인 방송채널 서비스의 제공은 물론이고, VoD 서비스, 양방향 맞춤형 서비스(T-Commerce 등)를 제공한다. 그러나 편리하고 간편하게 서비스를 제공받을 수 있는 IPTV는 사용자 정보를 기반으로 결제가 요구되기 때문에 개인정보의 침해나 노출에 취약하다. IP 네트워크를 기반으로 하기 때문에 기존의 IP 네트워크에서의 보안적 취약성들을 IPTV의 보안 취약성으로서 그대로 포함하게 된다. 따라서 네트워크에서 일어날 수 있는 데이터 가로채기, 데이터의 위·변조, 신분 위장, 서비스 거부 등의 공격들이 IPTV 서비스에 대한 잠재적 보안 위협으로 존재한다.

최근에는 IPTV 셋톱박스(STB)에 대한 보안 위협 문제가 이슈화되고 있다. IPTV의 셋톱박스는 IP 네트워크에 직접 연결되는 네트워크 장비이므로 악성코드 유입이 가능하다. 또한 셋톱박스가 봇넷 구성을 위한 악성코드에 감염되게 될 경우 여러 셋톱박스들이 봇넷을 형성하여 분산된 서비스 거부 공격, 스팸, 피싱 등과 같은 공격의 수단으로서 이용될 위험성이 높아짐에 따라 IPTV의 활성화를 위해서는 다양한 영역에서 보안 요구사항들을 고려해야 하며, 이에 걸맞은 보안 대책을 마련해야 한다. 본 연구에서는 IPTV 서비스 관련 기술들의 보안 취약성들을 분석하고, 이를 토대로 IPTV 서비스에서 보안위험 시나리오를 구성·정리하였다.

21세기에 들어서면서 디지털 기술에 기반을 둔 DMB, IPTV, 스마트폰, 스마트 TV, 3DTV 등 다양한 뉴미디어가 출현하고 있으며, 방송과 통신이 융합되면서 새로운 IT 환경이 창출되고 있다. 방송통신 융합의 큰 흐름으로는 인터넷의 접목을 예로 들 수 있다. IPTV, WebTV를 시작으로 스마트 폰, 커넥티드 TV 등 다양한 미디어가 IP에 기반하고 있다. 또한 최근 스마트 폰 열풍이 불면서 방송과 통신의 융합이 개별적인 수준의 1단계를 지나, 현재까지 구축된 융합 환경과 인터넷/모바일 서비스의 확산에 기초하여 융합 생태계를 형성해 나가는 2단계로 진화하고 있다.

IPTV 서비스는 인터넷 망을 이용한 인터넷 텔레비전 서비스이다.

기존의 통신 사업자들이 새로운 서비스를 개발하는 과정에서 IP 기반의 텔레비전 서비스를 제공함으로써 다양한 결합 서비스 제공이 가능한 서비스로 높은 평가를 받아 왔다. 국내 유료방송 시장에서도 K사를 시작으로 주요 통신사들이 IPTV 서비스를 본격적으로 제공하기 시작했다.

최근 초고속 인터넷의 급속한 발달과 더불어 IP 기반의 융합 서비스가 빠르게 발전하고 있다. 특히 방송 및 영상을 다양한 단말기로 공유하는 기능이 대두되면서 보안 서비스에 대한 요구사항도 급격히 증가하고 있다. 과거 아날로그 방송에서는 영상을 변조(scramble)하여 보내고 대응 복조기를 이용하여 정당한 가입자만 시청할 수 있도록 하는 기술을 사용한 반면 최근 융합서비스인 IPTV 방송시스템에서는 과거의 변조방식이 IP의 개방형이라는 특징 때문에 사용에 한계점을 보이고 있다. 이는 인터넷의 다양한 공격(man-in-the-middle attack, TCP-hijacking)기술이 IPTV에서도 가능하기 때문이다.

또한 보안업계에 따르면 스마트 TV를 통해서도 해킹 등 보안 사고의 가능성이 충분히 노출돼 있다는 의견이 제기되고 있고, 본격적인 스마트 TV 시장 형성에 앞서 보안문제를 다각적으로 검토해야 한다는 지적이 많다. 각 스마트 TV 제조사가 홍보하고 있는 제품의 최대 장점 가운데 하나가 소셜 네트워크서비스(SNS) 기능이다. 이 서비스들을 이용하려면 개인 계정 등록은 필수다. 기존에 계정을 갖고 있어도 스마트 TV에 아이디와 패스워드를 넣어야 한다. 따라서 거실이나 방에 앉아서 대형화면으로 즐기는 SNS의 편리함 이면에는 개인정보 유출 위험도 공존한다는 게 보안전문가들의 지적이다. 철통보안을 자랑했던 금융권 전산망을 뚫을 정도의 능력을 가진 해커들이 스마트

TV를 통해 개개인의 사생활을 엿보는 것은 어렵지 않을 것이란 관측이다. 하지만 국내 TV제조사들은 아직 스마트TV 보안에 별다른 신경을 쓰고 있지 않고 기본적인 보안 기능만 탑재하고 있는 실정이다.

이렇듯 계속해서 보안문제가 야기되는 IPTV 등의 방송통신 융합서비스는 IP기반 네트워크 기술과 방송기술의 결합을 기반으로 하기 때문에 기존의 인터넷에서 존재하던 보안 위협들이 그대로 IPTV 서비스에 대한 위협이 될 수 있으며, 기존에는 보안상으로 크게 문제가 되지 않던 네트워크 보안 관련 취약점들도 IPTV 방송 서비스와 결합되면서 중대한 문제가 될 수 있다.

이러한 연구 필요성에 따라서 본 연구의 목적은 현존하는 프로토콜과 기술들의 연구를 통하여 IPTV에서 발생하고 있는 정보보안 위협 유형들을 검토하고 이제까지 발견되거나 발견되지 않았던 문제점들이라도 객관적인 지표로 삼을 수 있도록 도출된 보안 위협 유형들과 위협에 대응하기 위한 종합적인 정보보호 방안들을 살펴보고자 한다.

본 논문의 구성은 다음과 같다. 먼저 국내외 융합보안에 대한 선행연구를 바탕으로 방송통신 융합서비스 개념을 정립하고, 주요 융합서비스인 IPTV상의 정보보안 위협 유형들과 관련된 문헌을 검토하여, 이를 바탕으로 IPTV 정보보호 침해요인 및 정보보호 취약점 현황을 분석하고, 위협 시나리오를 통해 각 위협에 대한 종합적 대응방안을 정리하였다.

02

방송통신 융합서비스 동향

1) 방송통신 융합서비스 정의

방송통신 융합서비스란 디지털 기술발달로 인해 대두되는 새로운 미디어환경으로, 통신과 방송의 구분이 사라지는 것을 말한다. 즉 TV 나 라디오로만 볼 수 있던 방송 콘텐츠를 휴대전화나 개인휴대단말기, 차량용 TV로도 받아 볼 수 있다. 또한, 일방적으로 받기만 하는 단방향이 아닌 양방향 통신이 가능한데, 예로 TV 시청 중 웹 서핑 등이 그 예이다. 방송통신 융합은 크게 3가지의 융합 형태로 볼 수 있는데 다음과 같다.

첫째로 '망의 융합(convergence of network)'이 있는데, 이는 방송망과 통신망의 구분이 점차 불명확해지는 것을 말한다. 즉, 방송이 방송망뿐만 아니라 통신망을 통하여도 전송되며, 또 통신도 통신망뿐만 아니라 방송망을 통하여도 행하여지는 현상을 말한다. CATV망을 이용한 통신서비스, FM주파수대역을 이용한 무선호출서비스, 통신위성을 이용한 위성방송 등을 그 예로 들 수 있다.

둘째로 '서비스의 융합(convergence of service provision)'은 방송과 통신 서비스의 구분이 불분명해지는 경계 영역적 서비스가 출현하는 것이다. 방송에서 불특정 다수가 아닌 특정인에 대한 수신을 목적으로 하거나 양방향성의 서비스를 내보내며, 통신 분야도 다수의 수신자에게 제공되는 일방향성 서비스가 증가하고 통신망의 대역폭 증가 등의 이유로 영상 서비스의 제공이 점차 활성화되고 있다.

셋째로 '기업의 융합(convergence of corporate organizations)'은 방송사업자가 통신사업을 하며 통신사업자가 방송사업에 진출하는 것이다.

이와 같은 '방송-통신 융합'의 예로는 데이터방송, DMB, DMC 등이 있으며, 인터넷의 발달로 등장한 인터넷방송이나 주문형 비디오(VOD) 서비스 등도 '방송-통신 융합'의 예로 볼 수 있다.

'디지털멀티미디어방송(DMB; Digital Multimedia Broadcasting)'은 기존에 디지털오디오방송(DAB)으로 불리던 것으로 초기의 DAB가 최근 들어 이동형 디지털라디오 서비스는 물론 양방향 동영상과 데이터서비스를 포괄하는 통신-방송 융합서비스로 발전하면서 명칭이 변경된 것이다. 이동 또는 고정된 장소에서 이동 단말기를 통해 CD 수준의 음질과 데이터 또는 영상 서비스를 제공하는 방송으로 전송 수단에 따라 지상파 DMB와 위성 DMB로 구분된다.

'디지털미디어센터(DMC; Digital Media Center)'는 통신설비, 방송제

작 및 송출장비, 부가서비스 시스템을 하나의 센터에 공동으로 구축
하여 디지털 케이블 방송 및 멀티미디어 서비스를 제공하는 것이다.
DMC에서 가능한 서비스 및 사업범위는 PP프로그램의 재전송, 추가
적 채널서비스(데이터방송 영역, NVOD, VOD, PPV, EPG 등), 인터넷
관련 서비스, VoIP 등 통신서비스 등이다.

즉, 막대한 비용이 소요되는 케이블 TV의 디지털전환 작업을 분담
하기 위해 통신·방송 관련 업체들과 케이블 TV 방송사업자(SO)들이
협력해 설치하는 통합방송센터를 말한다.

2) 방송통신 융합서비스 가입자 현황 및 전망

방송통신 융합서비스의 가장 대표적인 IPTV를 예로 들면, 다음 그
림과 같이 실시간 방송서비스를 제공한 지 1년 만에 150만 가입자를
돌파하며 방송통신 융합형 뉴미디어로 안착하였고, 현재는 Mobile
IPTV 추진 방안을 모색 중이다.

세계적으로도 연평균 31.4%씩의 고도성장을 이루고 있으며 현재는
N-스크린으로 진화, 발전하고 있다. 또 글로벌 통신 네트워크 장비
업체들은 M&A나 Partnership을 통한 토털 솔루션 제공으로 경쟁력을
강화하고 있다.

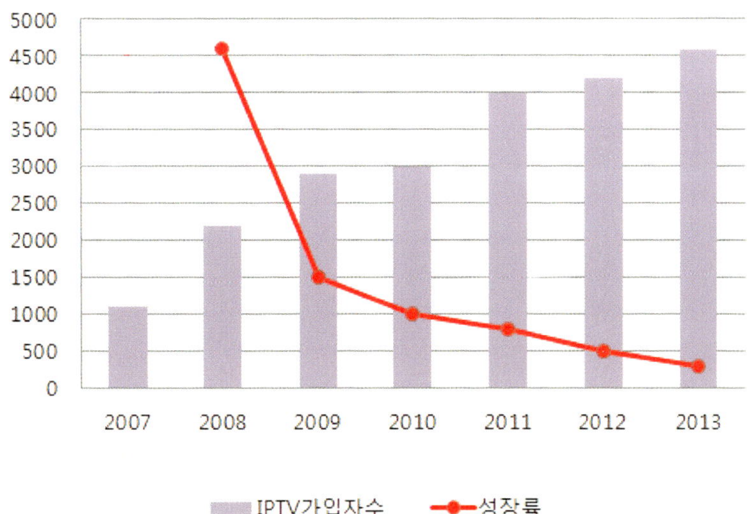

출처: 국내외 IPTV 서비스의 정보보호 현황조사 및 활성화 방안 연구(KISA), 2010.

〈그림 1〉 국내 IPTV 가입자 수와 성장률

3) IPTV(Internet Protocol Television)의 개요

IPTV는 인터넷 프로토콜 텔레비전(Internet Protocol Television)의 약자로, 초고속 인터넷을 이용하여 정보 서비스, 동영상 콘텐츠 및 방송 등을 텔레비전 수상기로 제공하는 서비스를 말한다. 인터넷과 텔레비전의 융합이라는 점에서 디지털 컨버전스의 한 유형이라고 할 수 있다. 기존의 인터넷 TV와 다른 점이라면 컴퓨터 모니터 대신 텔레비전 수상기를 이용하고, 마우스 대신 리모컨을 사용한다는 점이다.

IPTV를 이용하기 위해서는 텔레비전 수상기와 셋톱박스, 인터넷 회선만 연결되어 있으면 된다. 즉, 텔레비전에 셋톱박스(set top box)나

전용 모뎀을 덧붙이고 텔레비전을 켜듯이 전원만 넣으면 이용할 수
있다. 따라서 컴퓨터에 익숙하지 않은 사람이라도 리모컨을 이용하여
간단하게 인터넷 검색은 물론 영화 감상, 홈쇼핑, 홈뱅킹, 온라인 게
임, MP3 등 인터넷이 제공하는 다양한 콘텐츠 및 부가 서비스를 제공
받을 수 있다.

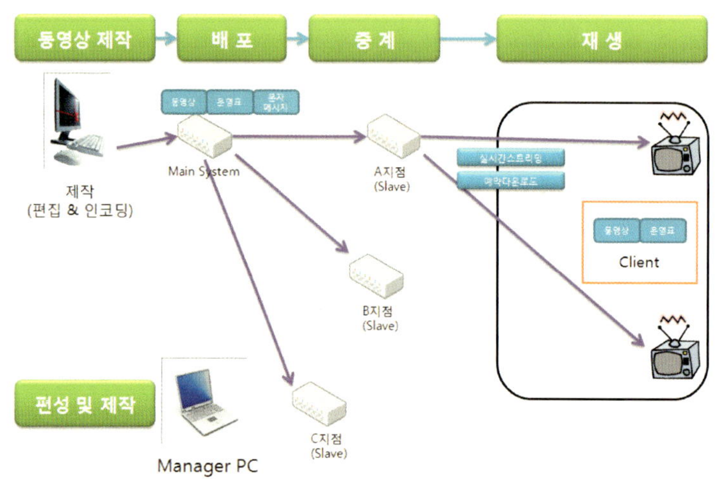

〈그림 2〉 IPTV 개요도

IPTV는 비디오를 비롯한 방송 콘텐츠를 제공한다는 점에서는 일반
케이블방송이나 위성방송과 별다른 차이점이 없지만, 양방향성이 추
가된다는 점이 큰 특징이다. 즉, 일반 공중파 방송이나 케이블방송 또
는 위성방송과는 달리 시청자가 자신이 편리한 시간에 자신이 보고
싶은 프로그램만 볼 수 있다. 패킷 전송 방식을 활용하고 있는 IPTV
는 QoS(Quality of Service)가 보장되도록 일정 부분의 대역을 할당받아
야 하기 때문에 IPTV를 시청하기 위해서는 일정수준의 인터넷 속도

가 필요하다. IPTV를 보기 위해서는 Qos가 보장되는 광대역 IP 네트워크와 IP-셋톱박스(STB), 표준 TV 수상기를 설치해야 한다.

4) IPTV 환경에서의 개인정보 침해요인

IPTV 시청자의 개인정보는 기존의 인터넷 사용자의 개인정보보다 훨씬 더 가치 있다고 할 수 있다. 인터넷이 개방형 서비스인 반면, IPTV는 폐쇄형 서비스이기 때문이다. 다시 말해 인터넷은 브라우저를 사용하여 이용할 수 있고 콘텐츠에 대한 접근장벽이 거의 없지만, IPTV는 TV만 있으면 무조건 볼 수 있는 것이 아니라 가입을 해야 이용할 수 있다. 가입은 IP 이외에 이름, 주민등록번호, 주소 등 많은 개인정보가 필요하기 때문에 IPTV 시청자의 개인정보는 인터넷의 개인정보보다 훨씬 더 강력하게 개인을 식별할 수 있는 코드라 할 수 있다. 이처럼 IPTV 환경에서의 개인정보보호는 중요한 문제이지만 콘텐츠 사용 및 이용에 대한 엄격한 규제가 미흡한 실정이다. 다양한 유료 콘텐츠 활용을 위한 지불결제 발생 시 단지 4자리 비밀번호만으로 승인 절차가 이루어지고 있을 뿐만 아니라 승인 진행 중에는 어떠한 암호화절차도 수반되지 않아 개인정보 오·남용 및 침해의 우려가 증가하고 있다. IPTV 서비스상 개인정보 침해 요인과 관련한 문헌들을 검토하여 구분한 결과는 <표 1>에 있다.

〈표 1〉 IPTV 환경에서 개인정보 침해요인

단계별		정보	침해요인
가입단계		개인식별 정보 연락처 결제 정보	-인식이 부족한 내부직원에 의한 개인 정보 유출 및 변경 -외부인의 불법적 접근에 의한 개인 정보 유출
사용단계	플랫폼	-고객 가입정보 -시스템 로그정보 -서비스 이용정보 -과금 정보 -주요 성향 정보 -단말정보 -리모콘 조작 정보	-수집된 정보들을 IP망을 통한 타깃 마케팅 가능 -시스템 로그정보를 활용 TV 시청 시간 파악 -리모콘 조작 정보를 리턴 서버 저장 -수집된 정보를 가공하여 새로운 정보를 생성하거나 제3자에게 제공
	데이터 서비스	쿠키의 저장 정보	-쿠키에 의한 개인정보 수집 -해킹, 악성코드 등에 의한 불법적 개인정보 수집
	통신 서비스	-통화내역 및 내용 -주 이용서비스	-도청 및 메시지 위변조 -서비스 거부 -불법 스팸
	방송 서비스	-개인의 초상권 -주요 선호 콘텐츠	무분별하게 타인의 동의 없이 사생활을 촬영 방송하여 초상권 침해
	망구분 (폐쇄망/ 공개망)	랑데뷰 포인트를 지나는 모든 패킷	-통신 서비스의 도청 -주 사용 서비스의 정보를 수집하여 제 3자에게 제공 가능
	단말	-인증서 개인정보 -리모콘 조작 정보	인증서 개인정보, 리모콘 조작 정보가 셋톱박스에 저장
해지단계		셋톱박스 저장정보 가입신청서 정보 해지신청서 정보	-서비스 종료 후 개인정보 미파기 -개인정보 파기에 대한 확인의 어려움 -셋톱박스상의 존재하는 개인정보의 복구 가능성

IPTV 보안 위협

1) IPTV 정보보호 대상

IPTV 서비스의 망 구성은 <그림 3>과 같이 댁내망, 가입자망, 엑세스망, 전달망, 헤드엔드로 구성된다. 댁내망은 Set-Top Box, RGW, ONT 등으로 구성되며 IPTV 서비스 사용자 댁과 근접하게 구성되어 있다, 가입자망은 FES, DSLAM, ONU, L3 스위츠 등으로 구성되며, IPTV 서비스 사용자에게 실시간 및 VoD 서비스를 전달하는 역할을 한다. 엑세스망은 L3 메트로 스위치, SER 등으로 구성되며, 전달망은 코어 라우터, 엣지 라우터로 구성되며, 백본망은 IPTV 실시간 및 VoD 서비스를 제공하기 위한 망이다. 헤드엔드는 압축 다중화 시스템, 데이터방송 부가 서비스 시스템 베이스밴드 시스템, CAS/DRM, EPG/DBS/VAS, VoD 시스템 등으로 구성되어 있으며 IPTV 서비스를 제공한다.

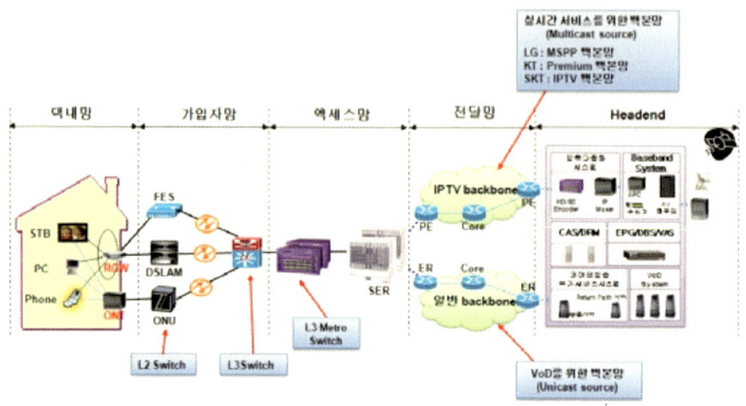

<그림 3> IPTV 서비스 망 구성

   본 연구에서는 IPTV 서비스에 대한 보안 위협 분석을 위해서 IPTV 서비스 망 구성에 따라 IPTV 콘텐츠 및 데이터, IPTV 서비스, IPTV 인프라구조로 나누어 헤드엔드, 네트워크 영역, 사용자 영역으로 분류하여 IPTV 정보보호 대상을 <표 2>와 같이 분류하였다.

   IPTV에서 사용되는 IPTV 콘텐츠 및 데이터를 3가지 영역으로 분류하면 헤드엔드에서는 실시간 방송 콘텐츠, VoD 콘텐츠, 콘텐츠 메타데이터, 개인정보 등이 있고, 네트워크 영역에서는 전송 데이터 페이로드 영역과 nPVR 콘텐츠가 존재한다. 그리고 사용자 영역에서는 셋톱박스에서 알 수 있는 가입자 정보와 저장되어 있는 콘텐츠/PVR 콘텐츠, 다운로드받은 응용 프로그램, 인증서, IPTV 사용 정보 등이 포함된다. IPTV 서비스 구성요소들은 헤드엔드 부분에서는 콘텐츠,

CAS/DRM, 관리, CDN, 과금 서버 등이 있고, 네트워크 영역에서는 DHCP, DNS, 서버, QoS 자원, 데이터/제어 트래픽이 있으며, 사용자 영역에서는 운영체제, 미들웨어 및 소프트웨어, IPTV 어플리케이션, DRM/CAS 지원 컴포넌트, 디코더 등이 존재한다.

IPTV 인프라구조는 헤드엔드에서 송출 서버 장비, 베이스밴드 시스템, M 모니터링 시스템이 존재하고, 네트워크 영역에서는 백본망 장비들, DSLAM, CDN 및 비디오/게임 서버, 콘텐츠 관리 서버, 사용자 영역에서는 셋톱박스 하드웨어, CAS 카드, RGW 장비 등이 있다.

<표 2> IPTV 정보보호 대상

	헤드엔드	네트워크 영역	사용자 영역 (셋톱박스)
IPTV 콘텐츠 및 데이터	−실시간 방송 콘텐츠 −VoD 콘텐츠 −콘텐츠 메타데이터 −개인정보	−전송 데이터 페이로드 −nPVR 콘텐츠	−가입자 정보 −저장되어 있는 콘텐츠 / PVR 콘텐츠 −다운로드 응용프로그램 −인증서 −IPTV 사용 정보
IPTV 서비스	−콘텐츠 서버 −DRM 서버 −관리 서버 −CAS 서버 −CDN 서버 −과금 서버	−DHCP 서버 −DNS 서버 −QoS 서버 −데이터/제어 트래픽	−OS −미들웨어 및 소프트웨어 −IPTV 어플리케이션 −DRM, CAS 지원 컴포넌트 −디코더
IPTV 인프라구조	−송출 서버 장비 −베이스 밴드 시스템 −모니터링 시스템	−백본망 장비 −DSLAM −CDN 및 비디오/게임 서버, 콘텐츠 관리 서버	−셋톱박스 하드웨어 −CAS 카드 −RGW 장비

2) IPTV 서비스의 취약점

IPTV 서비스를 위해 이용되는 네트워크 프로토콜들과 관련 기술들의 취약성은 곧 IPTV 서비스의 보안 취약성이 될 수 있다. 따라서 IPTV 서비스 관리자(또는 보안 관리자)는 IPTV 서비스를 위해 이용되는 프로토콜들에게 존재하는 알려진 취약성들에 대해서 필요성이 있으며 아래 <표 3>은 IPTV에 이용되는 프로토콜에 대한 설명이다.

<표 3> IPTV에 이용되는 프로토콜

프로토콜/ 기술표준	설명	역할
BGMP	글로벌 인터넷에서 멀티캐스트 라우팅을 운영하기 위한 프로토콜	AS간에 멀티캐스트 라우팅을 운영하기 위해 사용됨
ICMP	인터넷 프로토콜 기반 통신 중에 발생하는 오류 처리와 네트워크 관련 질의를 처리하는 프로토콜	통신 중에 발생하는 오류의 처리와 전송 경로의 변경 등을 제어하기 위해 사용됨
IGMP	IP 멀티캐스트를 실현하기 위한 통신규약	가입자에게 IPTV 서비스를 제공하기 위해 사용됨
IP	TCP/IP 스택에서 비연결성 연결 네트워크 서비스를 제공하는 네트워크 계층 프로토콜	IPTV 실시간 서비스와 콘텐츠 등의 패킷을 전송하기 위해 사용됨
MLD	직접 연결된 링크 상에서 멀티캐스트 listener들을 찾기 위해 IPv6 라우터에서 사용	IPv6 기반에서 IPTV 서비스를 제공받는 가입자들을 찾기 위해 사용 됨
MSDP	다수의 IPv4 PIM-SM 도메인을 서로 연결시키는 프로토콜	서로 다른 도메인 간에 멀티캐스트 서비스를 제공할 경우, 여러 RP 간에 멀티캐스트 소스 정보를 교환하기 위해 사용됨.
PIM-SM	멀티캐스트 그룹들 간의 IP 패킷의 효율적인 전송을 위한 프로토콜	백본에서 L3 스위치까지 트래픽을 전달하기 위해 사용됨.
SSM	명확한 수신자에게 멀티캐스트 패킷을 전송하는 방법	해당 소스로 직접 조인을 보내어 Shortest Forwarding Path로 멀티캐스트 트래픽을 전송하는 데 사용됨.

비록 공개된 지 오래된 취약성들이라도 보안 패치 및 취약점 관리를 정상적으로 하지 않을 경우 여전히 위협적인 취약성이 될 수 있다. 결국 네트워크 프로토콜들이 가지는 자체적인 취약성들이 해결되더라도 그 프로토콜들을 실제로 구현하여 이용할 때에는 설계 또는 구현상의 오류로 인해 취약성이 존재할 수 있다는 것을 의미한다. 예를 들어 알려진 취약성들 중 상당수가 버퍼 오버플로우 관련 취약성들이라는 점은 프로토콜 자체적인 오류보다는 구현과정에서 발생한 오류로 인한 취약성들이 많다는 것을 의미한다.

3) IPTV 서비스에 대한 잠재적 보안 위협

IPTV는 IP기반 네트워크 기술과 방송기술의 결합을 기반으로 하기 때문에 기존의 인터넷에서 존재하던 보안 위협들이 그대로 IPTV 서비스에 대한 위협이 될 수 있으며, 기존에는 크게 보안상으로 문제가 되지 않던 네트워크 보안 관련 이슈들도 IPTV 방송 서비스와 결합되면서 중대한 문제가 될 수 있다. 따라서 현존하는 프로토콜과 기술들의 연구를 통하여 IPTV에 적용될 수 있는 위협들을 검토하여 해당 피해를 사전에 방지해야 한다. 그리고 이제까지 발견되지 않았던 문제점들이라도 객관적인 지표로 삼을 수 있는 연구 논문의 결과 또는 앞으로 발생할 수 있는 보안 위협들의 타당성을 고려하여 알려진 IPTV 보안 위협에 대한 대응책을 마련하는 것이 중요하다.

<표 4>는 IPTV에서 발생 가능한 잠재적인 위협의 종류들을 콘텐츠 위협, 서비스 위협, 네트워크 위협, 단말 위협, 사용자 위협으로 분류하여 제시한 IPTV 보안 위협 모델이며, 각 위협마다 보호 대상과 잠

재적인 위협을 보여 준다.

<표 4> IPTV 보안 위협

위협모델	보호대상	보호대상 예	잠재적인 위협
콘텐츠 위협	IPTV를 통해 서비스되는 콘텐츠	• 실시간 방송콘텐츠 • VOD 콘텐츠 • PVR 콘텐츠 • 다운로드 받은 응용 프로그램	• 콘텐츠 복제, 가로채기, 도청 • 실시간 콘텐츠 비인가 시청 • 비인가 재분배 및 재가공
서비스 위협	IPTV서비스 제공을 위해 필요한 자원	• 미디어 서버 • AAA 서버 • DRM 서버 • 과금 서버 • 관리 서버	• 악의적 저작권 침해 위협 • 서비스 불법 접근 위협 • 위장 접근 및 정보 갈취 위협 • 서버 장비 취약성 악용 위협 • 서버에 대한 서비스 거부 위협 • 내부자에 의한 정보 갈취/변조 위협
네트워크 위협	IPTV서비스 제공을 위한 네트워크 인프라구조	• 라우터 또는 스위치 • 네트워크 자원(대역폭, 멀티캐스트 주소 등)	• 네트워크 프로토콜, 장비 취약성 악용 및 설정 오류 악용 위협 • 네트워크 자원에 대한 서비스 거부 위협 • 네트워크 도청 위협 • 통신 데이터 위·변조
단말장치 위협	사용자가 콘텐츠를 이용하는 과정에 필요한 자원	• 셋톱박스 H/W • 셋톱박스 S/W	• 불법적인 비밀정보 접근 • 자원 고갈 및 서비스 방해 • 비인가 된 프로그램의 저장 및 실행 • 악성코드 및 하드웨어적 위협
사용자 위협	IPTV 가입자 관련 정보	• 가입자의 ID,비밀번호 • 콘텐츠 및 채널 이용기록과 구매내역 등의 서비스 이용 정보	• 사용자 정보의 불법 복사/유출 • 스파이웨어, 트로이목마 등의 악성프로그램으로 인한 정보 유출

04

IPTV 서비스의 위협 시나리오

1) IPTV 보안 위협 개요

IPTV 정보보호를 통해 안정성 보장과 지속적인 서비스를 제공하기 위해서는 <표 4>와 같은 위협들을 예상하여 작성하고 공격자의 위협 의도에 따라 위협 시나리오를 도출할 필요성이 요구된다. 이는 잠재적인 상태에 머물러 있거나 사용자가 인식하지 못하는 복잡해진 위협 기술을 예상하기 위한 위협기술 연쇄추론 방법이다. 피해자가 공격자의 위협의도를 파악하지 못한다면 모든 IT 자원의 취약점 내재 여부를 밝혀야 하며 공격 탐지 및 방지를 위해 모든 보안기술 및 관리를 동원해야 한다. 그러므로 공격자의 행동을 추측하여 잠재 위협

과 위협의 발생 경로를 파악하여 제한된 시간과 비용 내에 효율적인
보안침해 대응방안을 마련해야 한다.

2) IPTV 보안 위협 시나리오

(1) FTP 패스워드 도청

FTP 서비스 이용에 앞서 사용자는 ID, 패스워드 인증을 수행해야
한다. 이때 ID와 패스워드 정보가 암호화되지 않은 상태로 서버 측에
전달되는데, 사용자 트래픽에 대한 스니핑 공격을 통해 사용자의 ID
와 패스워드를 도청할 수 있다.

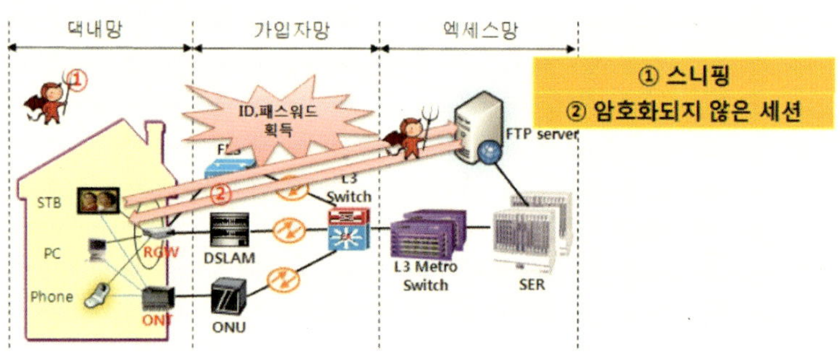

〈그림 4〉 FTP 패스워드 도청 시나리오

<그림 4>에서 FTP 패스워드 도청 시나리오에 대해서 보여 주고 있
는데, 절차는 공격자가 스니핑 도구를 활용하여 사용자 측 또는 FTP
서버 측 네트워크 트래픽을 도청한 후 트래픽 분석을 통해 TCP 포트
23번에 해당하는 트래픽(FTP 트래픽)만을 필터링하여 수집한다. 이후
FTP 트래픽은 암호화되지 않기 때문에 공격자는 수집된 FTP 트래픽에

서 ID와 패스워드에 해당하는 데이터를 확인하고 수집할 수 있다.

이에 따른 예상피해는 공격자는 FTP 서버에 접근할 수 있고 FTP에 있는 VoD콘텐츠를 불법으로 시청할 수 있게 된다. 아울러 서비스를 제 공하는 사업자는 해당 공격에 의해 VoD 서비스의 안정성 및 신뢰성을 잃게 될 우려가 있고, 과금되지 않은 VoD 서비스를 제공할 수 있다.

(2) IGMP 불법 조인

IGMP 불법 조인에 의한 공격은 공격자가 시청권한이 없는 실시간 채널을 시청하기 위해서 멀티캐스트 주소를 불법적으로 획득하여 그 룹에 조인을 요청함으로써 실시간 채널을 획득하는 공격이다.

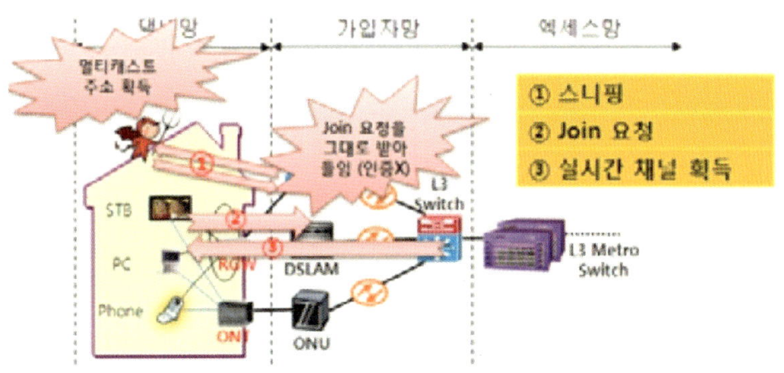

〈그림 5〉 IGMP 불법 조인

공격자가 스캐닝 도구 등을 활용하여 가입자 망에서 멀티캐스트 주소를 획득하고 수집한 멀티캐스트 주소 그룹에 대한 조인 요청을 한다. DSLAM(L2 스위치)는 조인 요청에 대한 별도의 인증 없이 해당 조인 요청이 들어온 포트 정보를 가지고 IGMP 스누핑 필터링 데이터

베이스를 갱신한 후 멀티캐스트 주소에 해당하는 실시간 채널을 획
득하게 되는 것이다. 이를 통해 공격자는 IPTV의 실시간 채널 콘텐츠
를 획득할 수 있게 된다.

(3) 콘텐츠 서버에 대한 IP Spoofing

IP Spoofing은 자신의 IP주소를 이용하여 인증하는 기능을 가진 시
스템에 침입하기 위해 공격자가 정상적인 사용자의 IP 주소로 위장하
는 공격 방법이다. IP 주소로 인증을 하게 된 동기는 각 시스템마다
계정과 패스워드를 설정해 주어야 하고 시스템이 많을 경우 관리자
가 패스워드를 모두 외우기 힘들기 때문에 시스템에 접속할 때 자신
의 IP 주소로 인증을 하고 로그인 없이 접속이 가능하도록 만들기 위
함이다. 그러나 공격자가 IP 주소로 인증하는 시스템의 IP 주소를 확
보하고 DoS 공격을 통해 정상적인 사용자가 동작하지 못하도록 만든
후 공격자가 자신을 정상적인 사용자인 것처럼 IP 주소를 조작해 공
격 대상에 접근하여 IPTV 서비스 사용 및 사용자의 개인 정보 유출을
초래할 수 있는 위협이다.

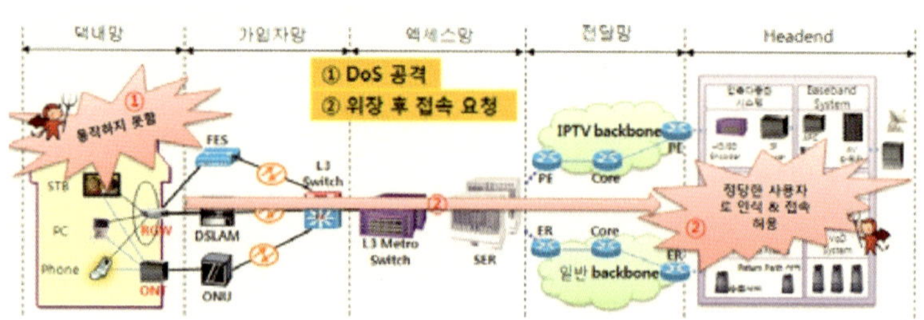

〈그림 6〉 콘텐츠 서버에 대한 IP Spoofing

이는 공격자가 DoS 공격을 통해 신뢰받는 사용자가 동작할 수 없
도록 공격을 하는 경우인데, 공격자가 신뢰받는 사용자로 위장을 한
후 공격 대상에게 접속을 요청, 이때 공격 대상은 신뢰하는 사용자로
인식하고 접속을 허락하게 되는 것이다.

이를 통해 예상되는 피해로는 사용자에게는 IPTV 실시간 서비스
제공을 어렵게 하거나 단절시키는 문제점을 야기할 수 있고, 서비스
를 제공하는 사업자에게는 IPTV 실시간 서비스를 안전하게 제공하지
못하는 문제가 발생할 수 있으며, 그로 인해 서비스에 대한 신뢰성을
잃게 될 수 있다.

(4) 세션 하이재킹을 통한 도청

세션 하이재킹은 HTTP와 TCP 상에서 이뤄질 수 있다. HTTP 세션
하이재킹은 사용자의 인증 로그인 시 부여되는 세션 ID를 가로채 정
상적인 사용자의 서비스를 이용한다. TCP 세션 하이재킹에는 로컬
세션 하이재킹과 원격 세션 하이재킹이 있다. 로컬 세션 하이재킹은
공격 대상을 탐지할 수 있고, 서버와 클라이언트가 통신할 때 시퀀스
넘버를 알아낼 수 있는 데 반해, 원격 세션 하이재킹 공격은 그것이
불가능하므로 공격 성공 확률이 로컬 세션 하이재킹보다 낮다. 로컬
세션 하이재킹은 서버와 클라이언트가 통신할 때 RST 패킷을 전송하
여 잠시 서버를 Closed 상태로 만든 후, 공격자의 시퀀스 넘버를 전송
하여 세션을 가로채는 공격이다. 특히 HTTP 세션 하이재킹은 IPTV
인터랙티브 서비스에서 HTTP를 통해 데이터를 교환할 경우 HTTP 세
션 하이재킹 위협에 쉽게 노출 될 수 있다.

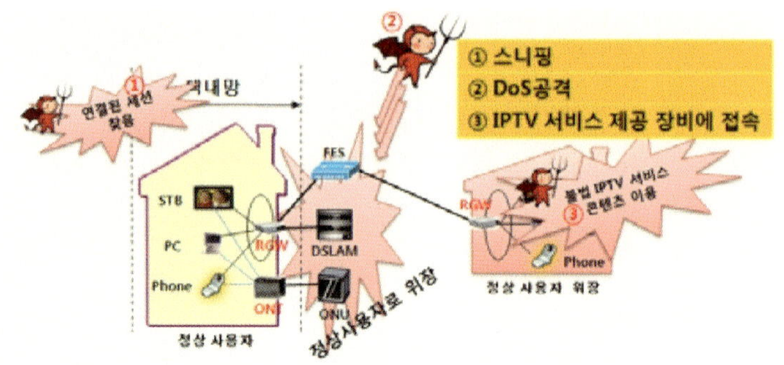

〈그림 7〉 세션 하이재킹을 통한 도청

공격 방법은 공격자가 스캐닝 도구를 사용하여 진행 중인 IPTV 서비스 세션을 찾고 DoS 공격을 통해 세션에 연결된 사용자의 시스템을 무력화시킨 후, 공격자가 생성한 시퀀스 넘버로 서버와 연결설정을 맺어 정상적으로 통신을 한다. 이후 공격자는 IPTV 서비스 제공 장비에 접속하여 정상 사용자에게 제공되는 IPTV 서비스 콘텐츠를 사용하게 되는 것이다.

예상되는 피해는 서비스를 제공하는 사업자에게는 과금되지 않는 불법 IPTV 서비스 사용에 따른 금전적 피해 등이 발생할 수 있고, 사용자에게는 IPTV 실시간 서비스 이용 불능과 개인정보 누출의 문제가 발생할 수 있다.

(5) 셋톱박스와 외부기기의 직접 연결을 통한 콘텐츠 불법 복제

셋톱박스와 외부기기의 직접 연결을 통한 콘텐츠 불법 복제는 셋톱박스에 외부기기를 직접 연결하여 셋톱박스에 있는 콘텐츠를 불법 복제하는 공격이다.

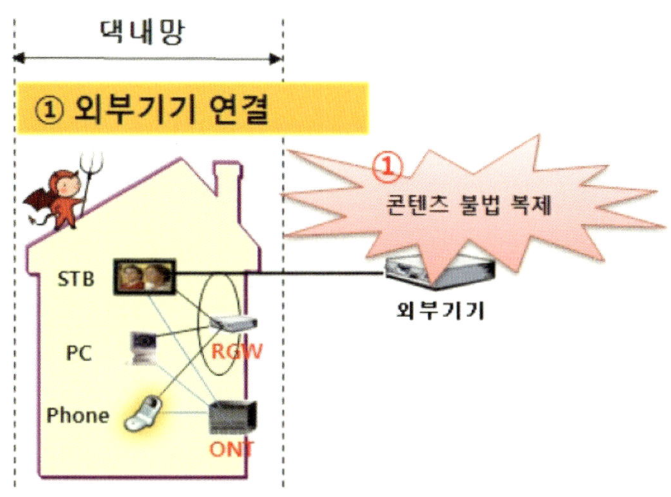

〈그림 8〉 셋톱박스와 외부기기의 직접 연결을 통한 콘텐츠 불법 복제

공격자가 셋톱박스에 외부기기를 연결하여 셋톱박스로 수신되는 콘텐츠를 불법 복제하게 되는데, 이를 통해 예상할 수 있는 피해로는 서비스를 제공하는 사업자에게는 과금되지 않는 불법 IPTV 서비스 사용에 따른 금전적 피해 등이 발생할 수 있고 셋톱박스와 외부기기의 직접 연결을 통한 콘텐츠 불법 복제는 댁내 망에서 존재하는 위협이므로 발생 확률이 높아진다.

(6) 콘텐츠 관리 서버의 비인가 접근을 통한 콘텐츠 불법 이용

헤드엔드 비인가 접근을 통한 콘텐츠 불법 이용 위협은 헤드엔드에서 서비스 제공을 위해 종사하는 관리자의 부주의와 악의적인 목적, 시스템의 취약성 등에 의해 발생할 수 있는 콘텐츠 관리 서버의 비인가 접근을 통하여 콘텐츠를 불법으로 이용하는 기법이다.

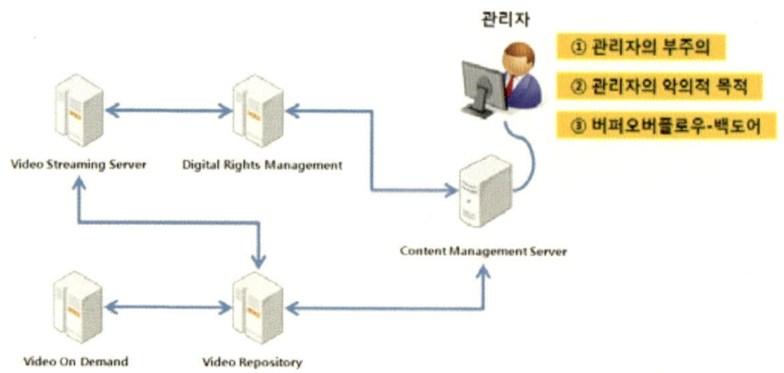

〈그림 9〉 콘텐츠 관리 서버의 비인가 접근을 통한 콘텐츠 불법 이용

이는 콘텐츠 관리 서버에 로그인해 놓은 콘솔을 부주의하게 관리하여 악의적인 목적을 가진 사용자가 물리적으로 접근하여 콘텐츠 관리 서버와 연결된 콘텐츠를 불법적으로 이용하게 되며, 콘텐츠 관리 서버의 관리자가 악의적인 목적으로 연결된 콘텐츠들을 불법으로 이용을 한다. 또한, 침입자는 버퍼오버플로우 공격을 통하여 시스템에 접근한 후 콘텐츠 관리 시스템을 변경하여 백도어나 악의적 프로그램을 시스템 상에 설치하여 디지털 자산을 획득하게 된다.

예상되는 문제는 공격자가 콘텐츠 관리 서버에 접근하여, 연결된 비디오 스트리밍 서버, 디지털 라이츠 매니지먼트, VoD, 비디오 레포지토리 등에 있는 데이터들을 변조시킬 수 있고, 해당 서버들에 있는 콘텐츠들을 변조시킬 수 있으며, 콘텐츠를 불법으로 시청할 수 있게 된다.

(7) DNS Spoofing을 이용하는 피싱 공격

DNS Spoofing을 이용하는 피싱 공격은 사용자의 개인정보 유출을 위해 DNS 개시서버의 캐시 데이터를 위·변조함으로써 잘못된 주소

데이터를 사용자에게 반환하여 위조된 웹사이트에 개인정보 입력 시
개인정보가 유출되는 취약점을 이용한 공격이다.

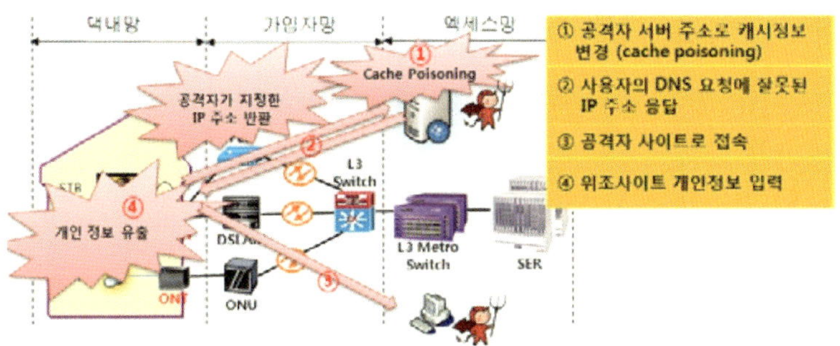

〈그림 10〉 DNS Spoofing을 이용하는 피싱 공격

이 기법은 공격자가 DNS 서버에 조작된 DNS 쿼리를 다량으로 전
달하여 DNS 캐시서버의 내용을 임의로 변경하고 DNS 서버는 요청한
주소의 실제 주소가 아닌 공격자가 지정한 위조된 주소로 캐시 정보
를 변경하게 되는 것이다. 이때 사용자는 DNS에 쿼리 메시지를 보내
고 DNS 서버는 위조된 IP주소를 사용자에게 응답, 위조된 IP주소를
받은 사용자는 위조된 웹사이트에 접속하게 되어 위조된 웹사이트인
지 모르는 사용자는 개인정보를 입력하게 되고 공격자는 그대로 정
보가 유출된다.

서비스를 제공하는 사업자는 해당 공격에 의해 IPTV 서비스의 안
정성 및 신뢰성을 잃게 될 우려가 있고, 실시간 서비스 및 VoD 서비
스를 제공하지 못하게 될 수 있다. 사용자는 신용이나 금융 등의 사
용자 개인정보 유출이 발생될 수 있고, 원하는 실시간 및 VoD 서비스

를 제공받지 못하게 될 수 있다. 또한, 사용자에게 개인정보 유출로 인한 직접적인 피해를 유발할 수 있고, 특별한 해킹 수행코드 없이도 간단한 해킹 도구를 이용하여 공격이 성공할 가능성이 높다.

(8) TCP SYN Flooding

공격자가 다수의 SYN 요청을 공격 대상에게 보내고 공격 대상자가 보낸 SYN&ACK에 응답하지 않음으로써, 공격 대상의 listen 큐를 빨리 채워 Time-out될 때까지 새로운 접속을 받아들이지 못하게 하는 공격이다.

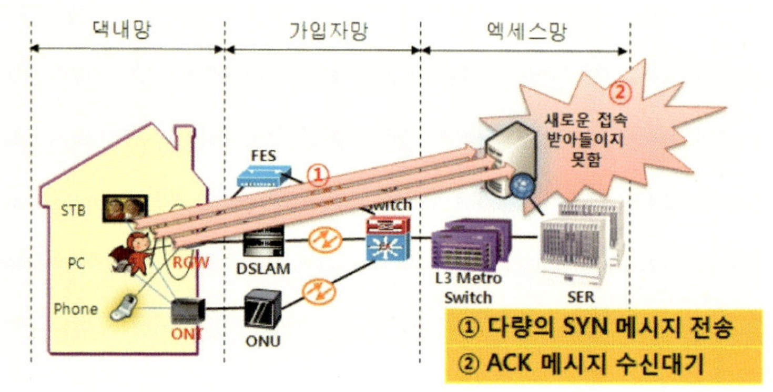

〈그림 11〉 TCP SYN Flooding

공격의 순서는 공격자가 다수의 SYN 메시지를 공격 대상으로 보내게 되면 공격 대상이 응답으로 보낸 SYN&ACK 메시지에 응답을 하지 않음으로써 공격 대상이 계속 연결 응답을 기다리게 만든다. 이후 공격 대상은 Time-out될 때까지 새로운 접속을 받아들이지 못하게 되는 것이다.

예상되는 피해는 사용자에게는 IPTV VoD 서비스 제공을 어렵게 하거나 단절시키는 문제점을 야기할 수 있고, 서비스를 제공하는 사업자는 IPTV VoD 서비스를 안전하게 제공하지 못하는 문제가 발생할 수 있으며, 그로 인해 서비스에 대한 신뢰성을 잃게 될 수 있다.

(9) UDP Flooding

송신자의 주소를 속여 UDP 패킷을 보내 네트워크의 트래픽을 증가시키고 서비스를 제공받지 못하도록 만드는 공격이다.

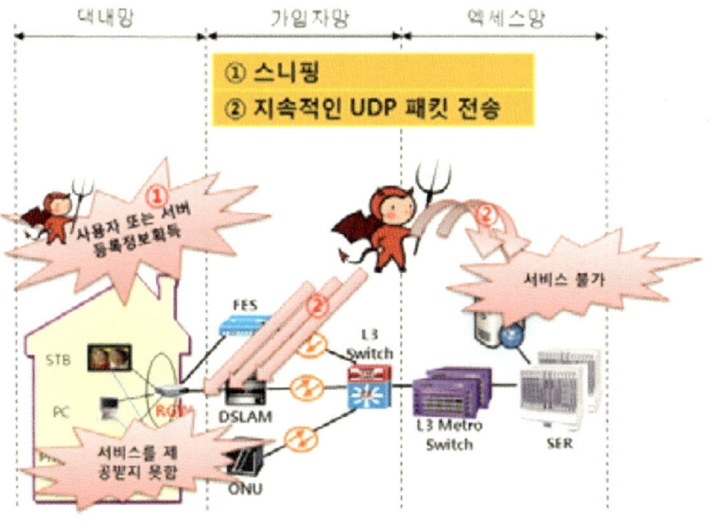

〈그림 12〉 UDP Flooding

공격자가 네트워크 스니핑 도구를 사용하여 특정 서비스 제공 장비 또는 LAN 구간에서 해당 프로토콜, 포트 등에 대한 정보를 도청하고 신뢰받는 송신자의 주소로 속여 지속적인 UDP 패킷을 전송함으로써 네트워크 트래픽을 늘려 서비스를 제공하지 못하거나 제공받지 못하도록 한다.

이를 통해 사용자는 IPTV 실시간 서비스 제공을 어렵게 하거나 단절시키는 문제점을 야기할 수 있다. 서비스를 제공하는 사업자는 실시간 서비스를 안전하게 제공하지 못하는 문제가 발생할 수 있으며, 그로 인해 서비스에 대한 신뢰성을 잃게 될 수 있다.

이 공격은 공격자가 공격대상의 IP 및 포트만 알고 있다면 가능한 공격유형이고 공격자 자신을 숨길 수가 있기 때문에 공격을 당했을 시 피해 규모가 비교적 큰 편으로 공 격 발생 가능성이 높은 편이다.

(10) 봇넷

기존에 공격자에 의해서만 공격되던 DoS 공격을 수정한 것으로 웹서버에 공격자가 원하는 바이러스나 트로이 목마 등을 삽입해 두어 일반 사용자가 해당 서버에 접속했을 시에 감염시켜 두고 공격자의 명령에 의해 감염된 호스트가 일제히 하나의 장비로 Flooding 공격을 함으로써 서비스를 못하게 하는 공격이다.

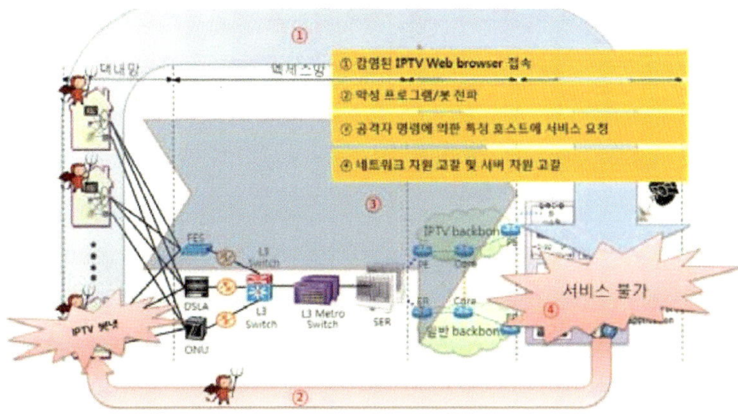

〈그림 13〉 봇넷

이는 공격자가 임의의 서버에 자신이 만든 악성 프로그램을 만들어 두고 사용자의 요청을 기다리는데 이러한 사실을 모르는 일반 사용자는 해당 서버에 서비스 요청을 하게 되고 공격자가 서버에 만들어 둔 악성 프로그램을 요청한 일반 사용자에게 전송함으로써 해당 사용자를 공격자의 명령에 의해 움직일 수 있는 봇 또는 좀비 컴퓨터로 만들어둔다. 감염된 호스트는 공격자의 명령에 의해 공격자가 지정한 호스트로 많은 양의 서비스 요청을 하게 되는 것이다.

사용자는 네트워크 경로 자원 고갈로 정상적인 IPTV 실시간 서비스 및 VoD 서비스 제공을 받지 못하게 될 수 있고, 서비스를 제공하는 사업자는 네트워크 대역폭 고갈이나 서버의 자원 고갈로 인해 IPTV 서비스를 제공하지 못하는 문제가 발생할 수 있다.

IPTV 개인정보보호 대책

        IPTV 사업자들은 개인정보를 보호하기 위해 기술적, 관리적 보호 대책을 마련해 놓았다. 기술적 대책으로는 비밀번호 사용과 파일 및 전송 데이터를 암호화하고, 중요한 데이터는 별도의 보안 기능을 통해 보호한다. 또한 백신 프로그램 및 보안장치를 사용하여 개인정보를 보호하고, 해킹 등에 의해 고객의 개인정보가 유출되는 것을 방지하기 위해 외부 접근이 통제된 구역에 시스템을 설치하여 감시한다. 관리적 대책으로는 개인정보에 대한 관리와 접근에 필요한 절차를 마련해 모든 직원들로 하여금 숙지하고 준수하도록 하고 있다. <표 5>는 종합적 보호대책을 나타낸 것이다.

〈표 5〉 IPTV 기술적, 관리적 개인정보 보호대책

기술적 대책	−비밀번호에 의해 보호, 파일·전송 데이터를 암호화 및 파일잠금 기능사용 −백신 프로그램 이용, 컴퓨터 바이러스에 의한 피해를 방지 −네트워크상의 개인정보를 안전하게 전송할 수 있도록 보안장치 채택 −해킹 등의 피해 예방을 위해 외부로부터 접근이 통제된 구역에 시스템 설치 및, 침입 차단장치 이용, 24시간 감시
관리적 대책	−사업자는 고객의 개인정보에 대한 관리와 접근에 필요한 절차 마련 후 임직원이 이를 숙지하고 준수하고 준수 여부를 주기적으로 점검 −회사는 고객의 개인정부를 취급할 수 있는 지를 최소한으로 제한, 접근 권한을 관리하며, 교육을 통하여 법규 및 정책을 준수 −신규직원 채용 시 정보보호서약서에 서명토록하고 직원에 의한 정보유출을 사전 방지, 수시로 개인정보보호 의무를 상기시킬 수 있도록 절차 마련 −개인정보 취급자의 업무 인수인계는 보안이 유지된 상태에서 진행, 입사 및 퇴사 후 개인정보 침해사고에 대한 책임을 명확하게 규정 −서비스 이용 계약체결 또는 서비스제공을 위하여 대금결제에 관한 정보를 수집, 고객에게 제공하는 경우 본인임을 확인하기 위하여 필요사항 조치

디지털 기술의 발전과 네트워크의 광대역화에 대한 방송통신의 디지털 융합의 발전은 국민의 생활 및 소비 형태를 변화시키고 있다. 이에 따라 주거환경 내에서 다양한 단말기기를 통한 콘텐츠 활용의 가속화로 민감한 개인정보기반 지불형식이 진행되어짐에 따라 이를 안전하게 보호할 수 있는 방안이 시급한 실정이다. 이에 따라 본 논문에서는 IPTV 개인정보 침해요인과 침해유형 현황을 살펴보았고 이를 통해 IPTV 위협 시나리오를 유형별로 정리한 후 종합적 대응방안을 제시함으로써 향후 IPTV 개인정보 보안 모델 개발할 때 유용할 것으로 판단된다.

참고문헌

강성철, "IPTV 발전 현황 및 향후 전망", 정보통신연구진흥원, 2008.

고상기·오승준·정광수, "이기종 망에서 IPTV서비스를 위한 QoS 협상 방법 연구", 한국정보과학회 학술발표논문집, Vol.35 No.2, 2008, pp.189~190.

김진형·황준, "방송통신 융합 환경에서의 개인정보보호를 위한 보안 기법에 관한 연구", 한국인터넷정보학회 학술발표대회 논문집, 2009, pp.51~54.

나재훈, "IPTV 컨버전스 환경에서 콘텐츠 보안 기술 동향", 정보보호학회지, Vol.19 No.3, 2009, pp.18~20.

오세근, "최근 IPTV 트렌드 및 주요 이슈", 정보통신연구진흥원, 2008.

이선영, "CAS와 DRM을 중심으로 한 모바일 IPTV 보안기술", 정보보호학회지, Vol.19 No.5, 2009, pp.75~77.

이종석·윤성열·박석천, "IPTV 활성화를 위한 개인정보 침해요인 및 보호현황 분석", 한국정보기술학회 하계학술대회 논문집, 2010, pp.583~586.

이훈정·손정갑·오희국, "IPTV 환경에서 스마트카드와 셋톱박스간의 안전한 통신을 위한 경향화된 키 동의 프로토콜", 정보보호학회논문지, Vol.20 No.3, 2010, pp.67~78.

장은영·김형종·박춘식·김주영·이재일, "모바일 클라우드 서비스의 보안위협 대응 방안 연구", 정보보호학회논문집, Vol.21 No.1, 2011, pp.180~181.

장현미·홍승필·김재경·박명환, "방송·통신 환경 내에서의 개인정보보호 방안", 한국인터넷정보학회 학술발표대회 논문집, Vol.9 No.2, 2008, pp.146~148.

정윤수·김용태·정윤성·박길철·이상호, "IPTV서비스에서 사용자의 수신자격을 효율적으로 판별할 수 있는 해쉬 함수 기반의 상호 인증 프로토콜", 정보과학회논문지, Vol.37 No.3, 2010. "IPTV 사업자 정보보호 가이드 개발 연구" 한국인터넷진흥원, 2010, pp.47~49.

VII

SNS에서의 정보 파놉티콘과 정보의 양면성

-기업 비즈니스의 역할과 책임을 중심으로-

요약

스마트폰의 대두와 함께 SNS(Social Network Service) 사용자 또한 급증하게 되었고, 오늘날의 SNS 2세대는 개방형 네트워크를 통해 다양한 서비스를 연계하고 융합하여 수익창출까지 가능한 소셜 플랫폼으로 진화하였다. 때문에 디지털 컨버전스(Digital Convergence) 산업을 지향하는 여러 기업들은 다목적 마케팅 및 홍보, 고객과 소통 수단 등의 목적으로 SNS를 적극 활용하고 있지만, 그에 따라 정보를 제공하는 기업과 수용하는 사용자를 위협하는 다양한 정보보안 및 프라이버시 이슈의 사회, 경제적 비중 또한 증대되었고, 이러한 사회적 양상은 프랑스 철학자 미셸 푸코(Michel Foucault)에 의해 정보사회가 곧 '정보감옥'을 낳게 되었다는 해석으로 이어졌다.

본 연구에서는 오늘날 정보감옥의 도상으로 볼 수 있는 원형감옥인 파놉티콘의 개념을 통해 정보와 정보를 제공하는 기업, 정보를 제공받는 사용자, 그리고 그에 따르는 다양한 정보보호 이슈의 역학관계를 되짚어 보고, 정보의 활용과 보호 측면에서 SNS를 마케팅 수단으로 활용하는 기업이 당면한 과제와 역할에 대해 살펴보고자 하였다.

01
서론

고도 정보사회로 진입하면서 유비쿼터스(Ubiquitous) 시대의 도래로 인한 급격한 사회적, 기술적 변화의 골짜기를 따라 정보가 흐르고 있다. 이 세대의 정보는 정보 보급자와 사용자의 일대일 대면식이 아닌 매우 다양한 경로와 형태로 유통됨에 따라 사용자는 보다 더 새로운 커뮤니케이션 방식으로 정보를 경험하길 원한다. 그러한 사용자 니즈(Needs) 변화에 따른 시대적 흐름이 스마트기기 보급 및 SNS, 다양한 디지털 콘텐츠의 성장을 야기하여 오늘날 사용자는 장소와 시간 구분 없이 원하는 정보를 마음껏 펼쳐 볼 수 있는 호사를 누리게 되었다. 하지만 정보 흐름의 역작용으로 인해 개인이 보유하고 있는 정보를 공개, 공유하고 표현하는

SNS와 같은 디지털 공공장소에서의 끊임없는 정보 프라이버시 이슈는 현대의 병을 낳게 되었다. 이러한 현대 병리 현상은 프랑스 철학자 푸코의 해석에서 부상한 정보감시의 우려로부터 출발했다. 죄수를 교화할 목적으로 설계된 감시와 통제의 도구, 원형감옥 파놉티콘(Panopticon)의 개념은 푸코를 통하여 정보사회가 '정보감옥'을 낳았다는 비판론으로 재해석되며, '정보 파놉티콘'이라는 사회의 파놉티콘화를 암시하였다(홍성욱, 2002). 이 같은 정보 파놉티콘의 개념은 디지털 사회화의 본질적인 특성에서 비롯된 것이기도 하다.

본 연구에서는 디지털 컨버전스 산업의 비약적인 발전이 낳은 다양한 정보보안 및 프라이버시 이슈 중 SNS에서의 다양한 정보보호와 활용에 대한 사례 분석을 토대로, 푸코의 원형감옥이 오늘날에는 어떠한 정보 파놉티콘의 양상으로 빗대어 볼 수 있는지 연구하고자 한다. 더 나아가 정보 파놉티콘의 개념을 통해 디지털 사회화가 부르는 사용자와 정보, 그리고 정보를 제공하는 기업의 피할 수 없는 역학관계를 되짚어 보며, 그 정보 파놉티콘 사회 안에서의 기업 비즈니스의 역할과 책임을 집중 조명하고자 한다.

1) 디지털 컨버전스 산업과 프라이버시 이슈

(1) 스마트폰과 SNS

SNS가 본격적으로 활성화된 데에는 스마트폰 보급의 확산의 영향이 크다. 세계 스마트폰 시장규모 추이를 살펴보면, 불과 3년 전까지만 해도 스마트폰 보급은 1억 4,600만 대였으나, 2010년을 넘어서면서 휴대폰 시장의 점유율 21.1%인 2억 대를 돌파하고 이 같은 속도라면 앞으로 2년 후에는 스마트폰 점유율이 최대 40%, 4억 대를 예상할 수 있다. 국내 상황의 경우에도 불과 몇 년 사이에 스마트폰 가입자 수가 2009년 12월 대비 올해 3월 기준으로 12.5배나 급증하게 되면서 기

존에 있던 국내 SNS 싸이월드(Cyworld: http://www.cyworld.com), 미투데이
(me2DAY: http://www.me2day.net/) 외, 트위터(Twitter: http://www.twitter.com/),
페이스북(Facebook: http://www.facebook.com/) 등과 같은 국외 SNS 이용
자 수 또한 급증하게 되었다. 이처럼 모바일의 신속성, 이동성, 접근
성을 바탕으로 지인의 안부를 확인하고, 자신의 자아 표현과 일상의
흔적을 손쉽게 남길 수 있어 SNS의 인기는 급증하게 되었다. 많은 사
람들과 언제 어디서나 친구찾기, 콘텐츠 공유, 마이크로블로깅
(Micro-blogging), 위치기반 SNS와 같이 신뢰성 높은 정보를 얻을 수
있는 서비스를 접할 기회가 늘어나게 된 것이다. 현재의 SNS 2세대는
개방형 네트워크를 통해 다양한 서비스를 연계하고 융합하여 정보
공유와 동시에 수익창출까지 가능한 소셜 플랫폼으로 진화하였다.

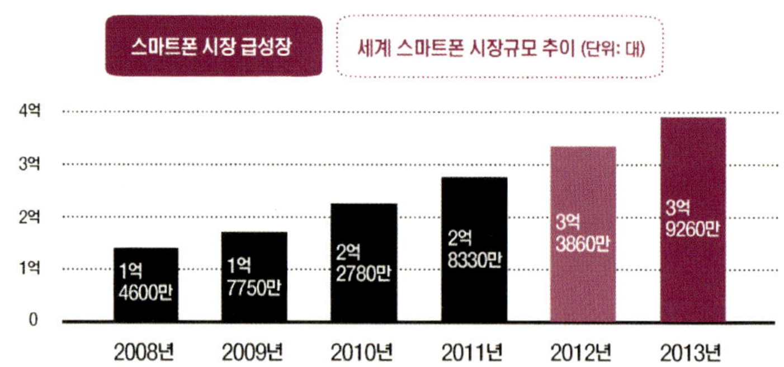

출처: 소셜 네트워크 서비스의 경제적 가치와 전망(2011).

〈그림 1〉 세계 스마트폰 시장규모 추이

(2) SNS 이슈와 정보 프라이버시의 명암

사회적 네트워크가 온라인 공간으로 들어오면서 탈중심화된 의사소통, 통제받지 않는 커뮤니케이션, 인맥에 의한 신뢰성, 정보의 빠른 전달성, 실시간성 등의 특징이 하나로 모이며, SNS는 정치, 사회, 정부, 기업 활동 등 사회적, 경제적, 창의적 촉매제 역할을 하는 강력한 미디어 효과를 발휘하고 있다. 하지만 SNS의 활용 및 중요성이 개인은 물론 기업과 정부로 확대됨에 따라 정보 프라이버시 침해 이슈 또한 증대되고 있다. 주요 보안위협은 크게 아래의 표와 같이 분류해 볼 수 있다.

〈표 1〉 SNS에서의 주요 보안위협 분류

보안위협	세부내용
프라이버시 위협	-개인 프로파일 수집 -2차 데이터 수집 -얼굴 인식 -콘텐츠 기반 이미지 검색 -완전한 계정 삭제의 어려움
기존 네트워크상의 보안 위협	-SN 스팸 -XSS, 웜, 바이러스
ID 관련 위협	-SNS를 이용한 피싱 -네트워크 침입을 통한 정보유출 -ID 도용에 의한 프로파일 위조 및 명예훼손
사회적 위협	-사이버 스토킹 -사이버 괴롭힘 -산업 스파이

출처: SNS의 보안위협 및 대응방안(2010) 참조.

① SNS 활용의 긍정론

현 SNS 2세대 모델은 기존 산업과 결합하여 새로운 비즈니스 가치를 창출하는 데 큰 몫을 하고 있다. 또한 새로운 커뮤니케이션 플랫폼으로서의 SNS 활용으로, 사용자 및 소비자와의 직접적인 소통을 통해 개선 및 또 다른 가치 창출을 낳을 수 있다는 데에 의미를 둘 수 있다. 이처럼 많은 기업 비즈니스들이 SNS를 통해 제품, 콘텐츠, 기업 PR 등에 관련된 마케팅 및 홍보방법의 다양성과 가능성에 주목하고 있다. 시장조사 기관 웹스(Webs)의 CEO 하룬 목타자다(HaroonMokhtarzada)는 고객과 소통할 수 있는 새로운 형태의 마케팅 도구로서 SNS를 평가하며, 페이스북과 같은 SNS를 마케팅의 통로로 사용하여 기업의 사회적 존재성을 세워, 고객과 함께 숨 쉬는 기업 고유 가치를 개발할 수 있다고 덧붙였다(윤경, 2011).

대우건설의 경우, 건설회사의 딱딱한 이미지에서 탈피하기 위해 SNS를 기업 PR의 수단으로 이용하였는데 고유의 친근한 애니메이션 캐릭터로 페이스북 계정을 만들어, 소비자 및 직원들과의 직·간접적인 커뮤니케이션의 장을 열어 소비자와 함께 호흡하는 기업 이미지를 구축하려 노력하고 있다.

미국의 스타벅스(Starbucks)와 의류브랜드 갭(Gap)은 '체크인(Check-in)'이라는 기능을 이용하여 사용자가 방문한 장소와 그 특정 장소의 정보를 공유하는 모바일 서비스 포스퀘어(Foursquare)와 제휴를 맺었다. 두 기업은 각 매장을 체크인 한 고객을 대상으로 특정 제품의 할인권을 주는 혜택을 통해, 고객이 제품과 서비스를 자주 이용하게끔 할 수 있고, 기업 입장에서는 고객을 유치하고 브랜드에 대한 고객 충성도를 제고할 수 있는 마케팅 수단으로 활용하고 있다(삼성경제연구소, 2011).

최근 국외 사이트의 특성상 개인정보 수집, 이용, 수집목적 동의 고지 및 동의 절차와 실명인증제가 없는 페이스북, 트위터 등의 SNS를 인증플랫폼으로 활용하여 포털서비스 파란(Paran: http://www.paran.com/)을 이용할 수 있도록 했다. 회원가입에 대한 장벽이 해소된 덕분에 사용자들은 스마트 모바일 콘텐츠 회사인 KTH의 위치기반 SNS 아임인(IN), 스마트앱 푸딩카메라 등의 서비스를 페이스북과 트위터 인증만으로도 이용할 수 있게 되었다. 사용자의 입장에서는 복잡한 개인인증절차나 정보수집 동의 체크 등의 과정 없이 다양한 서비스를 즐길 수 있어 편리하고, 포털을 관리하는 기업 입장에서는 개인정보 관리에 대한 부담을 덜고, 글로벌 서비스를 위해 6억이 넘는 페이스북 회원을 잠재적 사용자로 확보할 수 있는 이점이 있어 일거양득의 효과를 볼 수 있다. 이처럼 일부 업계에서는 국외 SNS의 기준을 따라 제한적 본인 확인제 등의 규제를 없애고 개방 인증을 이용한다면 다양한 콘텐츠와 서비스 창출을 기대할 수 있을 것이라고 전망했다(민경락, 2011).

② SNS 활용의 부정론

전 세계적으로 SNS 이용이 폭발적으로 증가하면서 일어나는 사회, 경제적 변화에 대한 긍정론도 많지만, 동시에 이 같은 디지털 사회화가 무분별한 개인정보 유출, 보안 문제 등을 야기하게 된다는 부정적인 시각이 대두되고 있다. 한국인터넷진흥원(KISA) 조사에 따르면, SNS계정 ID만으로 이름, 외모, 가족, 여행, 정치성향을 비롯해 은행계좌 정보까지 알 수 있어 이러한 개인정보의 무분별한 노출이 다양한 온·오프라인 범죄 발생의 원인이 되고 있다(조윤주, 2011). 최근 사용자의 위치정보를 무분별하게 수집하여 논란이 커진 아이폰 등의 스마트폰 소셜앱(Social App)의 사례 중, 실제로 개인의 위치정보가 악용되어 범죄 수단으로 사용되기도 하였다.

또한, 2010년 한 해의 주요 사이버 범죄 및 보안위협 동향을 조사한 '인터넷 보안위협 보고서 제16호'를 발표한 시만텍코리아(Symantec Korea)에 따르면, 해커들에게 SNS가 악성코드 전파 통로 등 새로운 공격 망으로 떠오르고 있다고 관측했다. 사용자가 올리는 많은 양의 개인정보가 네트워크 망을 통해 분산되는 특성을 악용, 사용자의 패턴을 분석하여 개인계정을 탈취하고 또 해당 사용자와 관계를 맺은 다른 사용자들을 공격하는 등의 사용자별 '맞춤식 공격'까지 구사하는 사이버 공격이 급증하기 시작했고, 이는 앞으로 더욱 가속화될 것이라는 전망이다(최용식, 2011). SNS상의 '맞춤식 공격' 방법 중 하나인 스피어 피싱(spear-phishing)은 기업 웹사이트, SNS 등에 공개된 사용자의 정보를 수집한 후 이를 이용해 악성코드나 악성링크가 삽입된 이메일 메시지를 보내는 방법이다.

실제로 기업 방화벽을 통과하는 SNS 트래픽이 지난 1년 새 5배가량 증가하면서, 기업 보안에도 여러 위험이 도사리고 있다. 기업과 정부기관의 조직 구성원에게는 효율적인 의사소통 수단이지만, 그만큼 기밀 정보의 유출 위험이나 악성코드 전파 사례는 늘어났다.

2) 정보의 양면성

(1) 정보 활용, 정보감옥

원형감옥 파놉티콘은 1787년 영국의 공리주의 철학자 제레미 벤담(Jeremy Bentham)에 의해 만들어진 원형모양의 감옥용 건축설계였다. 파놉티콘의 건물 외곽을 따라 개별 독방이 있으며, 각 방의 죄수는 다른 동료 죄수들과의 접촉이 완전히 차단되어 있다. 각 방은 중앙사무소에 기거하는 감시관의 감시를 받게 되는데, 이 중앙사무소에서는 모든 방을 면밀히 들여다볼 수 있다. 죄수들은 실제로 항상 감시를 받는 것은 아니나, 원형감옥의 감시구조를 통해 자신들이 지속적으로 감시를 받고 있다는 감시의 환영 속에서 살게 된다. 심지어는 위반에 따른 처벌 가능성에 대해 두려워하여 점차적으로 규율을 '내면화'하며 결국 처벌이 필요 없을 정도로 무기력해진다(랙 휘태커, 2001).

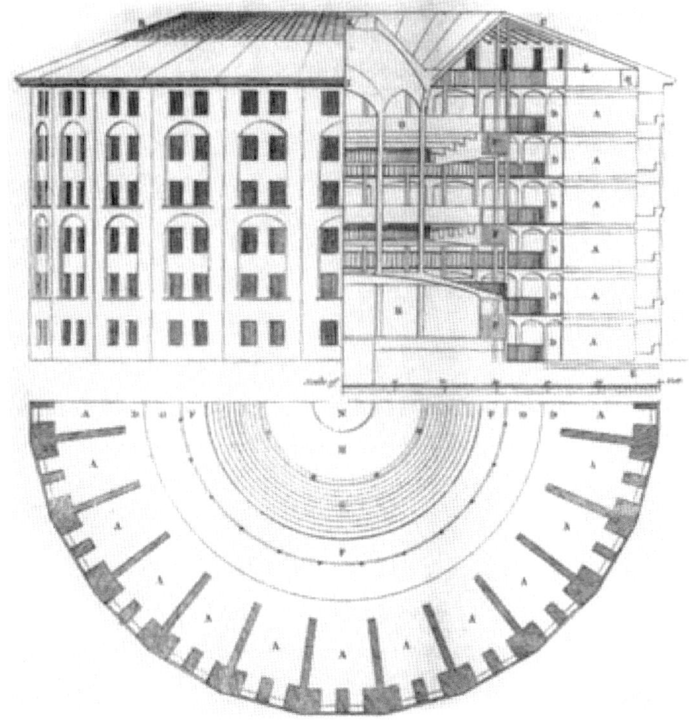

출처: 파놉티콘 - 정보사회 정보감옥(2002).

〈그림 2〉 벤담의 파놉티콘

벤담의 파놉티콘을 통한 감시와 통제는 푸코를 통해 정보혁명의 결과로 낳은 '정보감옥'의 개념으로 재해석되었다. 실제로 SNS에서의 탈중심화된 의사소통, 통제받지 않는 커뮤니케이션, 인맥에 의한 신뢰성은 파놉티콘의 구조와 매우 흡사한 구도를 띠고 있다. 페이스북을 예로 들어 보자. 어느 사용자가 개인의 일상을 올리고 그의 친구는 그 일상에 대한 코멘트를 달게 된다. 누가 어디에서 그들을 감시하고 있는지에 대한 추리는 전혀 할 수 없으나, 본인이 원하지 않아도 친구의 친구, 혹은 오프라인의 친구, 친구의 친구들까지도 자신의 정보를 한눈에 볼 수 있다. 그리고 그 사용자는 자신의 친구가 자신의 일상에 대한 코멘트로 어떠한 정보를 주게 되고, 그는 곧 해당 정보를 신뢰하게 된다. 이것은 마치 원형감옥에서 죄수가 점차 규율을 내면화하여 스스로 무기력해지는 구도처럼, 이미 형성되어 있는 인맥에서 흐르는 신뢰가 내면화되어 정보를 절대적으로 신봉하게 되는 것과 같다.

랙 휘태커(2001)에 따르면, 벤담식 감시는 강제성에 의한 동의가 동반되는 반면, 현대의 파놉티콘은 감시 권력이 벌을 주는 것이 아닌, 즐거움과 더불어 긍정적인 혜택과 보상을 주는 사용자 중심의 원형감옥이다. 때문에 벤담식 원형감옥과는 달리, 사용자는 자신의 적극적인 동의하에 분산된 데이터 감시(dataveillance)의 시선 속에서 살고 있다(랙 휘태커, 2001). 정보 파놉티콘의 개념대로라면, 사용자는 필요한 정보를 취하기 위해 정보의 형태를 통제, 관리할 수 있는 권리를 가지고 있으나 어느 부분에서는 스스로 통제할 수 없고, 때로는 정보가 사용자를 억압하기도 한다. 같은 맥락에서, 정보 파놉티콘은 사용자와 사용자가 취하는 정보, 정보를 제공하는 기업, 그리고 정보보호

문제와의 피할 수 없는 역학관계를 그려 놓은 도상과 같다. 이를 보다 정확히 설명하기 위해 소셜커머스(Social commerce)계의 선두주자, 그루폰(Groupon)을 예로 들어 볼 수 있는데, 그루폰은 특정 제품이 서비스를 할인된 가격에 구입하고자 하는 소비자의 심리를 이용하여, 구매하는 제품을 소비자 자신이 직접 SNS를 통해 입소문을 내고, 공동 구매자를 모을 수 있도록 다양한 SNS플랫폼과 연계하여 소비자 중심의 마케팅을 하고 있다. 이러한 비즈니스 모델이 제품과 정보를 취하려 하는 사용자에게는 유익이 되고 제품을 판매하는 기업에게는 큰 비용 없이 달콤한 마케팅 효과를 누릴 수 있는 도구가 될 수 있어도, 제품 정보를 공유하는 과정에서 사용자 자신도 모르게 축적되고 수집되어 가는 온라인상의 개인정보는 무방비 상태로 감시의 시선 속에 노출되어 있다. 사용자의 ID와 타인과 나눈 대화만으로도 개인의 이름, 인맥정보, 위치정보, 관심분야, 의료, 계좌 정보까지 추적 가능한 SNS의 상의 2차 데이터들은 해당 SNS를 탈퇴하더라도 백업을 통해 그대로 남아 있을 수 있어 사용자의 정보 통제권은 상실된다.

(2) 기업의 올바른 SNS 정보 활용

앞서 설명한 바와 같이, 정보 파놉티콘 이론을 오늘날의 사용자, 정보, 기업의 역학관계를 묘사한 도상이라고 한다면, 양질의 정보를 다양한 경로에서 취하고 구매하길 원하는 사용자의 니즈(Needs) 진화에 따라, 비즈니스적인 측면에서 개방된 SNS 플랫폼을 통해 제품과 서비스의 가치를 제고하고 고객 마케팅 수단으로 활용하려는 기업의 위치는 확고할 수밖에 없다. 때문에 SNS 활용이 부작용 없이 원활히 순환되려면, 기업은 여러 가능성과 부작용에 대해 충분히 준비하여 뚜렷한 목표를 가지고 SNS를 자사의 마케팅 수단으로 활용할 수 있어야 한다.

펩시, 코카콜라, 델, 포드 등 세계적인 기업들은 SNS를 채용, 생산성 향상, 직원 간 협업을 유도하며 기업 평판을 높이는 데 활용하고 있으며, 델의 경우, 본사에 '소셜미디어 리스닝 커맨드 센터(Social Media Listening & Command Center)'를 운영하여 매일 SNS의 2만 5,000개 이상의 델 관련 글을 추적하여 고객들의 불만은 물론, 기술적 문제도 신속하게 해결하는 데 주력하고 있다(맹경환, 2011).

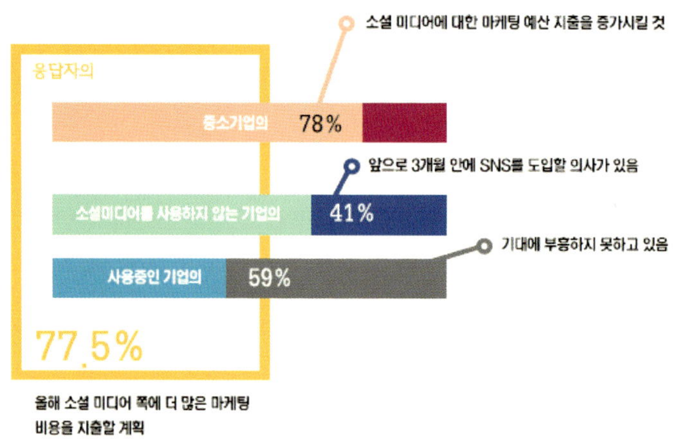

출처: Betanews, '미국 중소기업 77.5% 올해 SNS 마케팅 강화한다'(2011) 참조.

〈그림 3〉 중소기업 소셜미디어 활용 조사

최근 시장조사 기관 웹스(Webs)가 실시한 1,132개 중소기업 소셜미디어 활용 조사 현황에 따르면, 중소기업의 78%가 올해는 소셜미디어에 대한 마케팅 예산 지출을 증가시킬 것이라고 답했다(윤경,

2011). 현재 소셜미디어를 사용하지 않는 기업의 41%는 앞으로 3개월 안에 SNS를 도입할 의사가 있음을 전했으며, 현재 SNS를 사용 중인 기업의 59%가 소셜미디어가 자신들의 기대에 부응하지 못하고 있다고 답했지만, 흥미롭게도 응답자의 77.5%는 올해 소셜미디어 쪽에 더 많은 마케팅 비용을 지출할 것으로 계획하고 있다.

국내 기업들도 점차적으로 SNS 활용을 늘려 가고 있으나, 석극석으로 SNS를 커뮤니케이션의 장으로 활용하고 있는 국외 기업 우수 사례들에 비해, 국내 상황은 사용자와의 쌍방향 소통을 위한 개선점이라기보다 일방적인 홍보에 그치는 미흡한 단계에 있다. 대한상공회의소의 지난해 3월 조사에 따르면, 국내 상장기업 중 SNS를 기업 활동에 활용하는 기업은 16.1%뿐이었다. 또한 국외 기업과는 달리 기업 내 SNS 관련 인력도 대개 홍보실 소속으로 소수이며 기업의 전반적인 지원 및 인식 기반이 제대로 자리 잡지 않은 실정이다(윤경, 2011).

3) 기업 비즈니스와 정보보호의 관계

(1) SNS 활용에 대한 기업의 시사점

전경웅(2011)은 올해 5월 19일 발간한 삼성경제연구소의 리포트에서 기업의 SNS의 활용에 대한 흥미로운 시사점을 제시하고 있다고 밝혔다. 국내·외 유수의 기업들이 SNS 열풍에 동참하고 있고, 기업 마케팅과 홍보, 커뮤니케이션 수단으로의 SNS 활용을 맹목적으로 의지하고 있는 때에, 많은 기업들을 향해 'SNS는 도구일 뿐'이고 현재 국내 기업들이 SNS에 대해 4가지 오해를 하고 있다고 지적했다. 그 오해들은 "SNS를 잘하면 고객과 쉽게 소통할 수 있다," "SNS에서는 양방향 소통이 쉽게 이뤄진다", "SNS를 이용하면 고객들에게 의사를 잘 전달할 수 있다", "기업 경영에 SNS를 활용하면 의사소통이 원활하게 이뤄진다"로 압축된다(전경웅, 2011). 무엇보다 가장 중요한 것은 무턱대고 SNS 활용을 밀어붙이는 것이 아니라, SNS로 무엇을 할 것인지 생각하기 전에 SNS라는 미디어가 갖는 특징을 정확히 이해하고 사용자 중심의 사용자의 필요한 정보를 제대로 전달하려는 노력이 중요하다는 것이다.

(2) 미래 정보 보호를 위한 기업의 역할과 책임

자유로운 정보의 흐름 속의 사용자와 다양한 제품과 서비스를 주도하는 기업의 쌍방향 이익추구와 시너지 효과를 기대하기 위해서는, 소셜미디어를 비즈니스에 적극적으로 활용하려는 기업에 올바른 역할과 책임을 부여해야 한다.

기업은 우선, 해외 유수 성공 사례만 신봉하며 SNS 긍정론에만 의지하는 것이 아니라, SNS의 목적과 특징을 정확히 이해하여 자사 마케팅 수단으로 활용하는 뚜렷한 목표와 이유를 세울 수 있어야 한다. "적을 알고 나를 알아야 백전백승"이라 했듯이, 고객 마케팅을 하고 제품과 서비스의 가치를 제고하여 브랜드 이미지를 높이기 위해서는 고객이 원하는 정보가 무엇이고, 그 접점에서 기업이 창출하고자 하는 고유 가치가 무엇인지에 대한 정확한 목적의식을 가지고 정보의 보호와 활용에 대해 조심스럽게 접근해야 한다는 것이다. 모호한 계획과 지나친 포부를 가지고 무작정 SNS를 홍보 및 마케팅 수단으로 활용한다면, 사용자 입장에서는 지나친 PR과 무분별한 광고 메시지로 여기게 되어 오히려 고객이탈을 초래하거나 그로 인해 브랜드 이미지를 실추시킬 수도 있다. 다음은 사용자가 기업 팔로워(Follower)를 중단하는 이유에 대해 조사한 표이다.

또한, 기업에게 SNS는 고객과 가까워질 수 있는 새로운 소통의 창구가 될 수 있으나, 정보의 실시간성과 확산성이라는 특징 때문에 통제가 어렵고, 마케팅의 효과에 대한 예측이 어려우며, 여러 보안 위험들이 도사리고 있기 때문에 그에 따른 부작용에 대해서도 철저히 대비해야 한다.

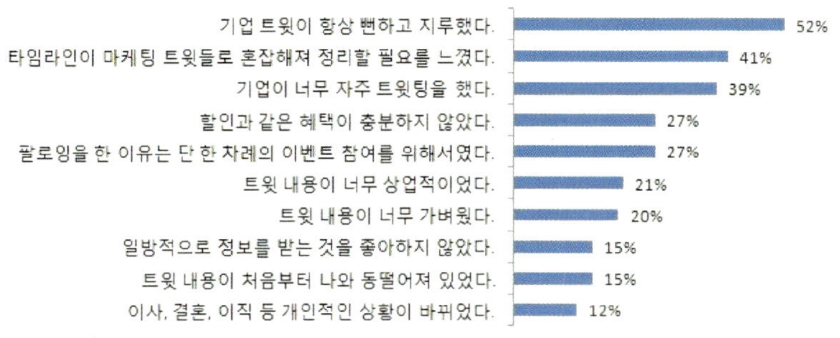

출처: ekoreanews.com, "SNS 잘하면 만사 OK"…… 과연 그럴까?(2011).

〈그림 4〉 사용자가 기업 팔로워를 중단하는 이유

더 나아가, 내부에 정보보호 전담조직을 구성하여 그 안에서 SNS을 통하여 흐르는 정보 유통에 대해 지속적으로 모니터링을 할 수 있는 전담 세부 조직과 책임자를 세우는 등의 인력 확보와, 소셜미디어를 통한 커뮤니케이션 전담체계를 구축하고 운영하는 구조를 수립해야 한다. 사용자의 입장에서는 개인의 사적인 정보가 노출되거나 악용될 수 있고, 사용자뿐만 아니라 기업 또한 SNS를 통하여 자사의 중요한 데이터를 분실할 수 위험성을 지니고 있다. 기업은 이를 위해

기술적으로는 사이버 보안 위협에 대비해 적절한 보안 정책구현 및 웹 환경의 보안을 강화함으로써 각종 보안 공격에 노출될 가능성을 최소화시켜야 할 의무가 있다. 또한, 효과적인 정보 관리와 운영을 위한 매뉴얼을 제시하여, 기업 내 소셜미디어 활용에 대한 정책, 정확한 가이드라인을 개발할 수 있어야 한다. 그리고 올바른 정보의 활용과 보호에 대한 기업 내 조직원들과 책임자의 내부 교육 환경을 조성하여, SNS의 활용이 일방적인 홍보수단이 아닌 쌍방향 소통 수단으로서의 가치와 조직원들의 책임의식을 심어줘야 할 필요가 있다.

03
결론

개인의 표현욕구와 정보에 대한 욕구 증대와 더불어 스마트폰의 비약적인 발전과 점유율증가로 인해 SNS의 영향력은 사회, 경제 전반으로 확산되고 있으며, 기업은 모바일과 SNS의 결합으로 발생되는 정보의 신속성, 유동성, 접근성의 특징을 이용하여 다목적 마케팅 및 홍보와 더불어 고객과의 소통의 수단으로 SNS를 적극 활용하기 시작했다.

사용자, 기업, 정보, 정보보호의 피할 수 없는 역학관계는 정보 파놉티콘의 이론으로 설명될 수 있는데, 이는 원하는 정보를 취하고 공유함에 따라 긍정적인 혜택과 보상효과를 누리고자 하는 사용자와 기업의 욕구가 없어지지 않는 한, 정보의 활용과 보호의 문제는 끊임

없이 순환될 수밖에 없다는 해석으로 이어진다. 다시 말해, 소셜미디어를 경제적인 이익추구를 위해 활용하는 기업과, 소셜미디어로 긍정적인 혜택을 바라는 사용자는 정보가 자유롭게 흐르기를 원한다. 그러나 각자의 필요에 의해 유통되는 정보를 통제하고 싶어 하기도 한다. 정보가 자유롭게 흐르도록 놔두고, 각자의 이익에 맞게 정보를 흡수하기도 하며, 또한 자유 의지대로 정보를 통제하고자 하는 것은 오늘날 필요한 정보를 취하고자 하는 디지털 자유사회의 특성이다.

SNS가 낳는 정보보호 이슈는 국가 사회적 문제이기도 하면서 동시에 다양한 제품, 서비스, 디지털 콘텐츠를 창출하고 홍보 및 마케팅 수단으로 SNS를 이용하는 기업에게도 매우 중요한 사안이다. 앞으로의 디지털 사회에서는 기업과 고객 간의 신뢰를 바탕으로 정보의 올바른 활용과 보호에 대한 충분한 이해관계가 성립되어야 할 것이다. 이 말은 곧, 기업은 사용자에게 자신의 동의하에 보다 나은 콘텐츠와 서비스를 제공받기 위한 목적으로 나의 정보가 유용하게 사용되고 안전하게 관리될 것이라는 믿음을 심어 줘야 할 역할을 담당해야 한다는 것이다. 또한 기업은 맹목적인 SNS 활용과 신뢰에서 벗어나, 소셜미디어와 같은 신기술에 대한 정확히 이해하고 사용자의 소통 패턴 및 상황, 습성을 파악하여 사용자가 정보의 창구에서 진정으로 원하는 니즈(Needs)가 무엇인지에 대한 정확한 맥을 짚는 것이 중요하다.

참고문헌

다니엘 솔로브(2007), 『인터넷세상과 평판의 미래』, 이승훈 옮김, 비즈니스맵.
도안구(2011), “스마트폰 · SNS 쓰기 겁나네!······ 2010년 SNS · 모바일 활용 보안 공격 급증”, 2011. 6. 11, http://www.bloter.net/archives/56094.
랙 휘태커(2001), 『개인의 죽음』, 이명균 · 노명현 옮김, 생각의 나무.
맹경환(2011), “외국선 ‘소통의 장’ 한국선 ‘홍보의 장’······ 너무 다른 SNS 활용법”, 2011. 6. 11, http://news.kukinews.com/article/view.asp?page=1&gCode=kmi&arcid=0004961577&cp=nv.
민경락(2011), “글로벌 SNS 인증 확산······ 인터넷실명제 사라지나”, 2011. 6. 11, http://www.dt.co.kr/contents.htm?article_no=2011053002019922732014.
사영은(2011), “기업에게 약이 되는 SNS, 독이 되는 SNS,” 2011. 6. 11, http://www.medicompr.co.kr/new/content/prissue_view.asp?gotoPage=21&mcode=07&scode=01&P_IDX=611.
삼성경제연구소(SERI)(2011), “SNS 활용 기업의 성공전략”, 『SERI 경영노트』, 제 100호.
윤경(2011), “미국 중소기업 77.5% 올해 ‘SNS 마케팅’ 강화한다”, 2011. 6. 11, http://www.betanews.net/article/541185.
이석래(2011), “SNS개인정보보호이슈”, 『한국 IT서비스학회 2011 춘계 학술대회』, 한국인터넷진흥원.
이응용(2011), “소셜미디어의 발전 전망과 효과적 활용 방안”, 『한국 IT서비스학회 2011 춘계 학술대회』, 한국인터넷진흥원.
전경웅(2011), “SNS 잘하면 만사 OK······ 과연 그럴까?”, 2011. 6. 11, http://www.newdaily.co.kr/news/article.html?no=80532.
전주현(2010), “SNS의 보안위협 및 대응방안”, 2011. 6. 11, http://www.boannews.com/media/view.asp?idx=20088&kind=1.
정원모(2011), “소셜네트워크서비스의 경제적 가치와 전망”, 『한국 IT서비스학회 2011 춘계 학술대회』, 한국정보화진흥원.
조윤주(2011), “전 세계 SNS 열풍 명암”, 2011. 6. 11, http://www.fnnews.com/view?ra=Sent0901m_View&corp=fnnews&arcid=0922318145&cDateYear=2011&cDateMonth=05&cDateDay=24.
최용식(2011), “시만텍 ‘SNS · 모바일 보안 유의 필요’”, 2011. 6. 11, http://news.etomato.com/Home/ReadNews.aspx?no=151147.
홍성욱(2002), 『파놉티콘 – 정보사회 정보감옥』, 책 세상.

VIII

DDoS 공격 유형과 대응 방안

요약

초고속 인터넷 인프라가 구축되면서 해킹 및 인터넷 침해에 대한 사고 사례가 매년 증가하고 있다. 특히 DDoS 공격은 단순한 공격기법과 어디서나 구할 수 있는 툴로 인해 초급해커(Script kiddie)도 얼마든지 공격할 수 있다. 2000년 2월에 야후, 아마존과 같은 인터넷 포털 사이트가 심각한 피해를 입었으며, 전 세계 인터넷 트래픽을 관장하는 미국 내 13개의 루트 서버가 DDoS 공격을 받아 그중 9대가 일시적으로 정상 작동이 불가능 해지는 사례도 있었다. 그리고 이러한 공격으로 인해 우리나라는 2003년 1. 25. 인터넷대란을 겪기도 했다. 또한 최근 봇(Bot)의 증가는 이러한 DDoS 공격과 같은 네트워크 자체에 위협을 주는 요소를 증가시키고 있다. 앞으로 유무선 통합 환경에서의 이러한 사고는 더욱 증가할 것으로 예상된다.

이렇듯 네트워크나 서버의 가용성을 위협하는 형태의 공격이 최근 급증하고 있으며 이로 인한 비즈니스의 손실이 엄청난 상황이다. 분산 서비스 거부 공격은 서버 및 호스트의 메모리는 물론이고, 공격 대상 호스트가 속한 네트워크의 자원을 크게 소모시키는 치명적인 공격이다. 이러한 형태의 공격을 예측하고 방어하기 위해서는 우선적으로 해당 공격들의 특성을 파악하고 이해하는 과정이 필요하다. 이러한 서비스 거부 공격(Denial of Service)의 형태는 에스토니아의 주요 웹사이트나 루트 DNS에 대한 공격처럼 국가나 인터넷 전체 기반체계를 대상으로 하는 형태의 조직적인 공격에서부터 시작하여 작년에 주로 발생한 게임 아이템 거래 사이트 등의 특정 사이트를 대상으로 한 공격까지 매우 광범위하게 전개되고 있는 실정이다. 따라서 본고에서는 이러한 DDoS 공격의 유형을 분석하고 현재의 DDoS 공격 방어 유형에 대해 고찰하여 현재 문제가 가시화되고 있는 DDoS의 대응방안에 관한 이본적 분석을 제시한다.

01
서론

 오늘날 세계는 고도의 정보화 사회에서 컴퓨터통신의 급속적인 발전과 인터넷 사용의 폭발적인 증가로 인한 부작용인 컴퓨터 범죄에 대한 우려와 대응책 마련의 필요성이 요구되고 있다. 갈수록 늘어나는 인터넷과 연동되는 네트워크와 링크의 증속으로 네트워크가 고속화됨에 따라 공격경로가 점점 다양화, 지능화되고 있어 분석과 추적이 어려워지고 있고 그에 대한 연구와 효과적인 분산 서비스 거부 공격 탐지 방법의 개발이 요구되고 있다.

 최근 인터넷 보안 체계를 공격하는 경향은 시스템 또는 네트워크 자원을 공격 대상으로 하여 사용 가능한 자원을 모두 소비하여 사용자가 실제 사용해야 하는 자원을 사용할 수 없게 하는 서비스 거부 공격(Denial of Service)이 증가하기에 이르렀는데, 2006년 말부터 진행되었던 DoS/DDoS 공격이 새로운 주요 이슈가 되고 있는 것이다.

DoS/DDoS 공격이라 하면 6~8년 전의 yahoo나 e-bay, microsoft 등에 대한 공격 등이 생각날 것이다. 그러나 최근 벌어지고 있는 DDoS 공격은 이전과는 그 양상이 달라지고 있다. 일단은 대형 사이트가 아닌 중소규모 사이트가 일차적인 공격 대상이 되고 있으며 목적도 이전의 영웅 심리나 자기 과시용이 아니라 "××로 ××까지 ×××를 입금하지 않으면 공격하겠다."는 형태의 협박성 공격이 주가 되고 있다는 것이다. 또한 바이러스나 해킹 등을 통해 확보한 zombie들을 서로의 목적에 따라 사고파는 경우도 자주 발생하고 있다고 한다. 이는 2005년부터 진행된 소위 "해킹 상업화"의 한 단면이며 앞으로 이러한 움직임은 더더욱 가속화될 것으로 보인다. 또한 새롭게 보이는 대표적인 양상은 이전과 같이 바이러스 또는 해킹으로 제어권을 확보한 zombie를 관리하기 위해, 별도의 master/agent 프로그램을 이용하지 않고 IRC(Internet Relay Chat)를 적극적으로 이용하고 있다는 점이다. 즉, 바이러스에 감염된 PC들은 자동으로 미리 지정된 irc에 접속하여 명령을 대기하는 상태로 들어가고, 공격자는 해당 irc에 로그인하여 특정 명령을 실행하면 해당 zombie들에게 스팸발송이나 과다접속 또는 대량의 트래픽을 유발하는 형태의 공격 등 공격자가 의도한 행위를 하게 되는 것이다. 공격자는 대부분 상대적으로 해킹 등에 미온적인 중국 등을 이용하기 때문에 역추적이 쉽지 않고, 공격에 사용되는 zombie 역시 서버도 있지만 대부분 보안에 취약한 Windows 기반의 가정용 PC이며 더구나 DHCP를 이용하기 때문에 IP를 알아도 역추적하거나 처리하기가 쉽지 않은 것이 현실이다.

서비스 거부 공격은 대역폭, 프로세스 처리 능력 및 시스템 자원을 고갈시킴으로써 정상적인 서비스를 제공하지 못하게 만드는 모든 행위를 말하기 때문에 그 방법 또한 이처럼 다양하다. 또한, 서버 및 호스트의 메모리는 물론이고, 공격 대상 호스트가 속한 네트워크의 자원을 크게 소모시키는 치명적인 공격이라 할 수 있다. 이러한 형태의 공격을 예측하고 방어하기 위해서는 우선적으로 해당 공격들의 특성을 파악하고 이해하는 과정이 필요하다. DoS 공격의 특성을 이용하여 여러 시스템에 Agent를 설치하고 그 Agent를 제어하여 공격함으로써 엄청난 파괴력을 지닌 분산서비스 거부공격(Distributed DoS)이 다수 이루어지고 있으며, 최근 빈번하게 발생하는 웜 바이러스(Nachi, Welchia)에도 DoS 공격 방식이 내장되어 피해를 주고 있어 DDoS 공격에 대한 대책이 시급하다. 네트워크가 DDoS 공격에 취약한 원인은 공격이 여러 개의 소스에서 이루어지고 특정소스에서는 매우 적은 수의 패킷을 사용하고 또 TCP, UDP, ICMP 등 다양한 형태의 패킷을 공격에 이용하기 때문에 공격자의 추적은 물론, 탐지와 방어에 어려움이 있다는 것이다. 본고에서는 이러한 DDoS 공격의 유형을 분석하고 현재의 DDoS 공격 방어 유형에 대해 고찰하여 현재 문제가 가시화되고 있는 DDoS의 대응방안에 관한 이론적 분석을 제시한다.

이를 바탕으로 분산 서비스 거부 공격의 특징 및 공격 형태를 파악함으로써, 추후 관련 연구들이 활발히 진행될 수 있는 기반을 마련하고, 이러한 공격들을 방어하기 위한 정보들을 수집함을 목적으로 한다. 따라서, 본고에서 우리는 분산 서비스거부 공격들의 공격 유형을 분석하고, 이에 대한 방어책에 대해 고찰해 보고자 한다.

02

분산 서비스 거부 공격의 유형

과거에 주로 발생했던 네트워크에서의 공격은 관리자 권한을 획득하거나 데이터를 유출시키는 형태로 이루어졌다. 그러나 지난 몇 년 사이, 대다수의 공격이 고의적으로 대량의 트래픽을 유발하여 네트워크시스템을 교란시키는 공격법(Denial of Service; DoS)으로 변화한 것은 익히 알려진 사실이다. 최근의 해킹, 웜 등의 악성코드는 단일 시스템을 대상으로 한 공격에서 발전하여 네트워크 인프라를 위협하는 대규모공격 형태(Distributed Denial of Service; DDoS)로 발전하고 있다. 2000년 Yahoo, Amazon, CNN 등 굴지의 인터넷 관련 기업들이 대규모 DDoS 공격으로 막대한 피해를 입었다. 최근에는 개인 PC를 공격한 후 원격 제어가 가능한 bot을 설치하여 수천수만 개의 zombie 시스템들을 거느린 botnet을 형성하고 이를 이용한 대규모 공격도 커다란 위협으로 등장하고 있다. 이처럼 대규모 피해를 유발하는 주된 원인은 최근의 공격이 분산 서비스 거부 공격(DDoS)을 기반으로 하고 있다는 사실이다.

최근의 분산 서비스 거부 공격은 서비스 거부 공격을 여러 대의 zombie 시스템으로부터 발생시키는 형태를 띠고 있다. 따라서 분산 서비스 거부 공격을 이해하기 위해서는 우선적으로 서비스 거부 공격에 대한 이해가 이루어져야 한다.

서비스 거부 공격은 크게, 서버의 메모리 및 연산 능력을 소모시키는 공격과 네트워크의 자원을 소모시키는 공격으로 나눌 수 있다. 서버의 메모리 및 연산 능력을 소모시키는 공격의 경우, 공격을 당한 서버가 더 이상 정상적인 서비스를 제공할 수 없도록 만드는 것이고, 네트워크의 자원을 소모시키는 공격의 경우, 공격을 당한 네트워크가 가용한 bandwidth를 모두 잃게 되어, 해당 네트워크로의 접근이 불가능해지는 것을 의미한다. DDoS 공격은 여러 가지 형태로 구분되나 여기서는 설명의 편리를 위하여 대량의 트래픽을 유발하는 플러딩(Flooding)성 공격, 과도한 세션을 요구하는 커넥션(Connection) 공격, 기타 애플리케이션(Application) 특성을 활용한 공격으로 구분하여 설명한다. 이렇게 3가지 형태로 분류를 나누는 이유는 공격의 대상은 같은 서버이지만 공격 유형에 따라 어떤 부위를 집중적으로 공격하느냐에 대해 중요한 의미를 두기 때문이다.

〈표 1〉 DDoS 공격 유형 구분

공격 분류	유형	공격 유형
Flooding 공격	non-Spoofing 공격	SYN flooding ACK flooding SYN/ACK floording FIN flooding RST flooding
		UDP flooding
		ICMP flooding
		TCP/UDP/ICMP 혼합형 공격
	Spoofing 공격	SYN flooding ACK flooding SYN/ACK flooding FIN flooding RST flooding
		UDP flooding
		ICMP flooding
		TCP/UDP/ICMP 혼합형 공격
		TCP/IP Null 공격
Connection 공격	HTTP 공격	HTTP daemon 개수 이상을 초과시킴.
	과다 TCP connection공격	Application 의 input queue 마비
Application 공격	Application 특성을 이용	FTP, Time, VoIP, e-mail, DNS, DHCP, SQL, Netbios, RPC 등 Cache Control 공격

1) Flooding 공격

　일반적으로 플러딩 공격은 정상 패킷과 동일한 패킷을 무작위로 전송하여 타깃시스템의 CPU, 메모리 등을 고갈시키고 네트워크의 병목을 야기하여 정상적인 서비스 제공을 방해하는 형태의 공격방법이다. 이러한 플러딩 형태의 공격은 예전에는 소스를 스푸핑(Spoofing)해서 공격하여 공격자를 숨기거나 운영자가 대응하는 것을 어렵게 했으나 최근에는 Zombie PC를 조정하는 Botnet의 확산으로 스푸핑을 하지 않고 real IP로 공격하는 형태가 많은 상황이다. 그 이유는 PC에서 패킷을 스푸핑하는 자원까지도 아껴서 공격에 집중하기 위한 것으로 보이며, 또한 굳이 스푸핑을 하지 않더라도 공격자가 노출되지 않기 때문인 것으로 판단된다.

SYN 플러딩 공격은 공격자가 TCP SYN 패킷을 무작위로 전송하여 착신 측의 TCP 세션으로 받는 Listen Queue 공간을 고갈시켜 정상적인 세션의 연결이 불가능하고, 시스템은 무차별적으로 들어오는 TCP 세션으로 인해 시스템이 마비되는 공격으로, 플러딩 공격의 대표적인 공격 중의 하나라고 할 수 있다. RST 플러딩 공격은 공격자가 TCP RST 패킷(TCP 패킷을 강제종료 시 보내는 패킷)을 무작위로 전송하여 실제 액티브 세션을 단절시키는 공격이다. ACK Flooding 공격은 공격자가 TCP 세션이 없는 상태에서 TCP ACK 패킷을 무작위로 보내면 착신 측에서 변조된 발신 IP로 RST 패킷을 무작위로 보내게 되고, 동시에 ICMP host unreachable 패킷을 보내면서 착신 측 시스템의 과부하를 초래하는 공격이다. UDP/ICMP 플러딩 공격은 각각 UDP/ICMP 패킷을 다량으로 유발시켜서 네트워크의 병목 및 시스템의 과부하를 유발시키는 공격 방법이다. TCP Null 공격은 공격자가 TCP Flag를 설정하지 않은 비정상적인 패킷을 무작위로 전송하여 착신 측을 마비시키는 공격이다. IP Null 공격은 공격자가 IP 헤더의 프로토콜 필드가 제로(0)인 패킷을 무작위로 전송하여 착신 측을 마비시키는 공격이다.

스푸핑 형태의 공격은 소스 IP를 속여서 보내는 공격 형태로 공격의 방법은 non-spoofing 공격과 동일하나 소스가 변경되어서 공격이 진행되므로 차단하기가 매우 까다로운 특성이 있다.

(1) SYN Flooding

대부분의 운영체제들은 연결 초기화 과정에서 제한된 자원을 사용한다. 일반적으로 각 포트별로 동시 접속 연결이 수백 개로 제한되어 있어서 자원이 다 소비되면 더 이상 연결을 받아들일 수 없다. SYN Flooding은 TCP protocol의 이러한 취약점을 공격대상으로 삼는다. 공격 방법은 일단 존재하지 않는 호스트의 주소로 공격대상에게 SYN 패킷을 보내는데, 연결 대기 시간 안에 주기적으로 백로그큐(연결 대기 중인 큐)가 가득 찰 만큼의 SYN 패킷을 보낸다. 즉 연결을 요청하는 TCP 패킷을 호스트의 특정 포트에 보내어 이 포트의 대기 큐(backlog queue)를 가득 차게 하여 이 포트에 들어오는 연결 요청을 큐가 빌 때까지 (connection time out이 될 때까지) 무시하도록 만드는 것이다. 큐(backlog queue) 크기는 시스템마다 다르지만 대략 5에서 10까지의 연결 대기 상태를 저장할 수 있다. 그러므로 실제 SYN Flooding 공격에서는 UDP Storm, Ping Flooding과 같은 다른 종류의 Denial of Service 공격과 같이 대량의 패킷을 보내지 않아도 되므로, 공격이 쉽게 노출되지 않는다. 또한 출발지(Source) IP 주소를 임의의 주소로 만들어서 보내므로, 공격의 진원지를 알아내는 것 또한 어렵다.

먼저 Source IP 주소에 들어갈 임의의 호스트를 찾아야 하는데 이 호스트는 연결할 수 없는(Unreachable) 호스트이어야 한다. 이 경우 공격자(호스트 A)가 보내는 TCP 연결 요청 패킷이 연결할 수 없는 호스트(호스트 C)의 IP를 가지고 공격대상(호스트 B)에 전해지기 때문에, 호스트 B는 호스트 C로 SYN/ACK를 하게 된다. 이때, 호스트 C는 unreachable하기 때문에 응답을 하지 않을 것이고, 호스트 B는 호스트 C로부터 ACK를 받기 위해 Connection time-out이 걸릴 때까지 큐에 이

연결을 대기시켜 놓을 것이다.

그러면 결국 큐는 가득 차게 되고 그 이후에 그 포트로 들어오는 연결 요청은 무시될 것이다. 만약 호스트 A가 telnet 포트나 HTTP 포트에 연결을 요청하여 그 포트의 큐를 가득 차게 했다면, 정상 사용자(호스트 D)는 호스트 B에 그 포트로 정상적인 요청을 해도 연결을 맺을 수 없을 것이다. 그러나 최근에는 대부분의 운영체제 및 라우터에서 다량의 SYN 패킷이 유입되면 이를 적절히 차단하는 기능을 수행하기 때문에, 현재 SYN Flooding 공격의 치명도는 매우 낮다고 볼 수 있다.

(2) ICMP Flooding

ICMP Flooding(Ping Flooding)은 다수의 ping 패킷을 공격대상에게 전송함으로써, 공격대상의 네트워킹 자원을 소모시키고 결국 정상적인 네트워킹을 불가능하게 만드는 공격이다. 이 공격은 지극히 일상적인 패킷인 ping 패킷을 다량으로 이용한다는 점에서 공격의 발견이 SYN Flooding보다 어렵다고 볼 수 있다. SYN Flooding의 경우 정상적인 Three-way Handshaking에서 나타나는 SYN/ACK 및 ACK 패킷이 부재하기 때문에 공격의 발견이 비교적 쉽지만, Ping Flooding의 경우 단일 ping 패킷의 다량 전송만으로 공격을 탐지하는 것은 쉬운 일이 아니다. 최근에는 네트워크의 bandwidth가 과거에 비해 매우 크기 때문에, 이러한 ping 패킷으로 네트워크 자원을 소모시켜 정상적인 서비스를 불가능하게 만드는 것은 쉽지 않은 일이다. 그리고 상당수의 서버들은 ping 패킷의 수신을 차단하고 있기 때문에, 이 공격 또한 치명도가 매우 낮다고 볼 수 있다.

(3) SYN/ACK Flooding

전형적인 DDoS에서는 감염된 zombie를 이용하지만, TCP SYN/ACK Flooding은 새로운 공격법인 DRDoS(Distributed Reflection Denial of Service)로서 동작한다. Reflector(주로 웹서버, 라우터 등)에 Target IP로 spoofing된 TCP SYN 패킷을 보내면, 해당 Reflector는 SYN/ACK 패킷을 target에 일괄적으로 보냄으로써 해당 네트워크의 자원을 고갈시키는 공격법으로 동작한다. SYN/ACK Flooding은 궁극적으로 SYN/ACK 패킷의 다량 Reflection을 이용하는 것인데, 최근 네트워크의 bandwidth가 커짐에 따라 이러한 bandwidth 소모 공격은 그 치명도가 낮아지고 있다.

(4) NAPTHA

TCP 세션은 일련의 과정들을 거쳐 connection을 맺고 처리한다. 이러한 TCP protocol의 취약점을 이용하는 공격이 NAPTHA이다. 실제로 존재하지 않는 IP와 공격대상 사이에 정상적인 세션(Three-way Handshaking)을 다수 개 만들어서 공격대상 시스템의 자원(메모리)을 고갈시킨다. 존재하지 않는 IP와의 세션을 맺기 때문에 공격대상과 달리 공격자는 별 피해를 입지 않는다. NAPTHA는 정상적인 사용자의 행동과 구분하는 것이 매우 어렵고, 공격대상 호스트의 메모리를 소모시키는 공격이기 때문에 그 치명도가 매우 높다고 할 수 있다.

2) 커넥션 기반 공격

커넥션 형태의 공격은 공격자가 임의로 특정 PC에서 수십 개의 연결을 설정하여 여러 대의 PC에 동일하게 접속을 요청한 후, 서버의

HTTP 처리 커넥션 용량을 초과시켜서 정상적인 HTTP 연결을 방해하는 형태의 공격이다. 아파치 서버의 경우 일반적으로 한 개의 데몬이 1,024개의 연결만 지원한다. 커넥션 형태의 공격은 트래픽의 유발은 극소로 유지하면서 실제 서비스는 마비시킬 수 있는 특징을 가지고 있다.

3) 어플리케이션 기반 공격

어플리케이션 형태의 공격은 VoIP의 경우 SIP 단말의 등록을 위한 REGISTER 패킷을 과도하게 요청하는 REGISTER storm 공격, 통화 시도를 과도하게 요청하는 INVITE 공격, BYE 공격 등이 있으며 기타 FTP 공격, email 스팸, DNS 공격, DHCP 리퀘스트 공격, SQL 공격, Netbois 공격, RPC 공격 등의 각종 프로토콜의 취약점을 활용한 다양한 형태의 어플리케이션 공격이 존재한다. Cache Control 공격은, 보통 웹서버는 메모리에 있는 데이터를 이용해서 서비스를 하나, 캐시를 이용하지 않고 직접 리퀘스트가 오면 DB를 리쿼리하여 해당 데이터를 직접 읽게 되는데, 이로 인해 CPU의 부하가 높아지게 하는 형태의 공격방법으로서 HTTP1.0에는 없고 HTTP1.1부터 추가된 기능이다.

03

DDoS 공격의 예방 및 대응

DDoS 공격의 효과적인 예방 및 대응방법을 살펴봄으로써 차단 위치 및 서비스 특성에 맞는 방법을 선택할 수 있도록 제시해 본다.

1) DDoS 공격 탐지 방법

DDoS 공격을 탐지할 수 있는 방법은 기존의 IDS/IPS, 방화벽 등을 활용하는 방법이나 DDoS 전용 대응시스템이나 망 차원의 Netflow, MRTG(Multi Router Traffic Grapher) 정보를 활용하는 방법 등이 있다.

〈표 2〉 DDoS 공격 탐지 방법

탐지 도구(방법)	세부설명	설치 장소	비고
IDS/IPS	−특정 signature를 등록하여 탐지 −Top rank 안에 포함된 트래픽 증평시와 다른 특이사항 (공격 트렌드) 트래픽 분석	백본트렁크, 국내/국제 G/W 등	대부분 ISP가 운용 중
DDoS 대응시스템	−L3 기반으로 고속으로 DDoS 공격을 탐지하고 치단 −공격발생 시 트래픽을 우회시켜 공격 트래픽을 제거하고 정상 트래픽 전송	코어라우터, G/W 라우디 사이 등	Cisco Guard/Detector, Arbor Peakflow SP 제품 등
Netflow	−트래픽 패턴 분석 및 불규칙적 트래픽에 대해 식별이 가능 −source&destination IP별, AS별 등으로 분석 가능	분석용 서버를 백본 네트워크에 연결	라우터의 과부하 발생으로 대용량 장비에만 사용 가능
ACL	라우터에서 Access-list를 이용하여 실시간 source/destination IP, Port, protocol만 확인 가능	백본, G/W 라우터 자체기능	라우터 과부하 주의 필요
MRTG or RRD	−서버에서 라우터를 대상으로 SNMP get으로 수집한 데이터를 분석 −트래픽 급증, 급감 여부를 보고 징후를 판단 *MRTG: bps, pps 변화만 확인 가능	MRTG 서버를 백본 네트워크에 연결	MRTG는 모든 ISP가 운용 중임.
DNS 서버	−DNS 서버로 들어오는 DNS 쿼리 패킷을 분석하여 과도한 쿼리 패킷을 탐지함. −DNS 서버에 저장되는 log를 실시간으로 콘솔에서 모니터링	서울 및 주요 대도시 네트워크에 DNS 캐싱 서버 설치운영	
L7 스위치(IPS)	쿼리 수 임계치를 미리 설정해 놓고 임계치를 초과하는 쿼리가 발생 시 알려 줌.	DNS 서버, G/W 등에 설치운영	Top Rank DNS 쿼리 URL을 표시해 주는 기능 없음.

2) DDoS 공격 차단방법

DDoS 공격의 차단은 DNS 서버나 L7 스위치를 활용한, 크게 URL 기반의 차단방식이나 Blackhole 라우팅, ACL(AccessList), uRPF(unicast Reverse Path Forwarding), CAR(Rate limit), PBR(Police Base Routing) 같은 방법이 존재한다.

(1) DNS 싱크홀

DNS 캐싱 서버의 DB에 Bot C&C 서버의 IP를 127.0.0.1이나 특정 분석용 서버의 IP로 설정하여 감염된 zombie PC 등이 DNS 쿼리를 요청할 때 DNS 서버에서 원천적으로 접속을 차단하는 형태의 차단 방법으로서, 현재 대형 ISP 들의 DNS 서버에는 해당 기능이 적용되어 많은 유해접속을 근본적으로 차단하고 있다.

(2) 블랙홀 라우팅(Blackhole Routing)

기존의 라우터에서 ACL을 수동으로 설정하는 것은 일정규모가 넘어가는 망에서는 효용성이 많이 떨어질 수밖에 없는 방법이다. 특히 네트워크 장비가 수천 대 이상 되는 대형 ISP에서는 모든 라우터에 ACL을 동시에 거는 것도 어렵지만 이미 설정되어 있는 ACL을 변경하거나 삭제하는 것, 그리고 전체 라우터의 ACL을 동기화하는 것은 매우 어렵다고 할 수 있다. 따라서 쉽게 ACL 같은 기능을 전체 라우터에 enable하기 위해서는 BGP 라우팅 프로토콜을 활용하여 블랙홀 서버와 각 라우터 간 iBGP를 설정한다. 특정 목적지로 가는 트래픽을 차단할 필요성이 발생할 경우에는 BGP routing table에 목적지를 라우터의 192.168.0.1 같은 특정 IP로 포워딩 처리하고 해당 라우터에는 사전에 해당 IP를 null 0으로 설정한다. 그리하면 결과적으로 해당 목적지로 가는 트래픽이 drop되는 효과를 가질 수 있다.

동시에 블랙홀 서버와 연동되어 있는 모든 라우터에 동시에 적용할 수 있으므로 운영관점에서 대단히 편리한 방법이라고 할 수 있다.

(3) uRPF

출발지 IP 주소를 위장(IP Spoofing)한 공격을 차단해 줄 수 있는 기술로서, 라우터가 패킷을 받으면 출발지 IP 주소를 확인하여 해당 IP로 갈 수 있는 역경로(Reverse Path)가 존재하는지 확인함으로써 출발지 IP 주소를 신뢰한다. DoS 또는 DDoS 공격이 자신의 출발지 주소를 위장하므로 uRPF는 상당히 효과적인 서비스 거부 공격 차단 수단이 될 수 있다. 하지만 이 기술 역시 다수의 라우팅 경로가 존재하는 비대칭 망구조를 가지고 있을 경우 적용의 한계가 있으며, Spoofing을 방지하는 것 이외에 다양한 서비스 거부 공격에 대한 대응 기능이 존재하지 않는다.

(4) Rate-Limit

특정 서비스 또는 패턴을 가진 패킷이 단위시간 동안 일정량 이상 초과할 경우 그 이상의 패킷을 통과하지 않도록 하는 기술을 Rate-Limit 기술이라 한다.

(5) ACL

가장 일반적인 유해트래픽 차단 기술로서 IP 주소, 서비스 포트 그리고 콘텐츠를 기반으로 한 차단이 가능하다. 하지만 이 방법은 접근 통제를 위한 별도의 ASIC화된 모듈이 없을 경우 네트워크 장비에 많은 부담을 주어 성능저하의 원인이 될 수 있다.

분산 서비스 거부 공격의 특징 및 대응책 분석

위에서 분석한 3가지 공격을 살펴본 결과, SYN Flooding, ICMP Flooding, SYN/ACK Flooding 등 네트워크 자원을 소모시키는 공격은 현실적으로 그 규모가 매우 거대하지 않은 이상, 공격대상에 별다른 영향을 미치지 않을 것으로 분석되었는데, 실제로 우리가 구현한 가상 공격환경은 4대의 zombie 호스트만을 사용하였고, 이러한 규모에서의 공격은 호스트 및 네트워크에 거의 아무런 영향을 미치지 못했다. 그러나 호스트 및 서버의 자원(메모리)을 소모시키는 NAPTHA 공격은 그 치명도가 매우 높았으며, 이러한 가상 공격환경뿐 아니라 최근의 네트워크 환경에서도 실제 적용이 가능한 것으로 분석되었다. 따라서 NAPTHA 공격을 효과적으로 막을 수 있는 연구 및 대응책 분석이 시급하다. 이러한 NAPTHA 공격에 대응하기 위해서는, SYNCOOKIE 등을 사용하거나, 혹은 호스트 자체를 인증하는 시스템이 필요할 것이다. 즉, 공격대상에 연결을 요청하는 호스트가 실제로 존재하는 IP인지 확인하는 과정이 있어야 NAPTHA 공격을 원천적으로 막을 수 있다. 이는 TCP protocol을 개선시키거나, 혹은 TCP의 상위 layer에서 인증 등의 절차를 제공할 필요가 있음을 의미한다.

　　　　　　　　　앞서 살펴본 것과 같이 DoS 공격은 인터넷 기반의 비즈니스에서 서비스 자체를 못하게 하는 공격 형태로서 매우 치명적인 공격이라고 할 수 있다. 또한 이러한 공격이 이제 기업단위를 넘어서 에스토니아 정부기관 홈페이지 공격과 같이 국가차원의 위협으로 발전하고 있는바, 사전에 철저하게 대비하지 않는다면 향후 큰 혼란이 올 수도 있다. 이러한 DoS 공격은 대량의 트래픽을 유발하는 플로딩성 공격, 과도한 세션을 요구하는 커넥션 공격과 기타 어플리케이션 특성을 활용한 공격으로 구분할 수 있으며, 이러한 DoS 공격을 탐지하는 방법으로는 IDS, IPS, DDoS 전용시스템, Netflow, MRTG 등이 있으며, 차단하는 방법으로는 DNS 싱크홀, L7 스위치, 블랙홀 라우팅, ACL, uRPF, CAR, PBR 같은 방법이 존재한다. 그러나 DDoS 공격을 효율적으로 탐지·차단하기 위해서는 전사적인 사이버 위협을 종합적으로 파악할 수 있는 기업의 전사적 보안상황판 같은 솔루션의 구축이 필요하다 하겠다. 또한 정부에서도 현재 일부 ISP 간 IX 연동구간에 선도적으로 DDoS 차단 시스템을 구축, 운영하고 있지만 좀 더 확대하여 ISP 간 연동되는 구간에 통신사업자 간 DDoS 트래픽이 전이되는 것을 막기 위한 좀 더 현실적이고 구체적인 대안이 필요하지 않을까 생각한다.

네트워크 자원을 소모시키는 공격보다는 호스트 및 서버의 자원(메모리)을 소모시키는 공격이 훨씬 치명적이라는 사실을 알 수 있었다. 이는 최근의 네트워크 인프라가 빠른 속도로 고성능화, 안정화되고 있음을 의미한다. 물론 호스트 및 서버의 하드웨어나 소프트웨어 자체도 빠른 속도로 진화하고 있지만, 메모리를 고갈시키는 공격의 원리 자체는 여전히 가용한 공격으로써 사용되고 있기 때문에, 공격 자체를 원천 봉쇄하지 않는 한 그 피해는 계속해서 발생할 수밖에 없다.

본고에서 나타낸 각종 공격들의 원리를 바탕으로, 향후에는 더욱 다양한 공격에 대한 연구도 가능할 수 있고, 혹은 아직 나타나지 않은 공격에 대한 예측도 가능할 것이다. 본고를 기반으로 한 다양한 연구들이 진행됨에 따라, 궁극적으로는 안전한 네트워크 환경을 구축하고 안정적인 서비스를 제공할 수 있게 될 것이다.

최근에 많은 상용 DDoS 방어 전문 장비가 나왔고, 그중에서도 In-Band, Out-of-Band 제품 등 설치 방식이나 DDoS 탐지 및 차단 방식에 각자의 Know-How를 얘기하고 있다. 하지만 여기서 몇 가지 중요한 부분을 집중적으로 생각해 보아야 할 것이다. DDoS 공격에 장비가 성능상의 이슈로 공격 자체를 견디지 못해 제 역할을 못하지 않아야 함은 물론 기본적 방어를 필수로 해야 할 것이다. 또한, 그 외에 몇 가지 공격을 차단하는지가 중요한 것이 아니라 어떤 공격을 차단할 수 있는지가 중요하다. 단순히 방어하는 가짓수로만 방어의 수준을 논하고 최근의 주된 공격 양상에 보호 및 방어를 하지 못한다면 그 장비는 눈 뜬 장님과 같은 격이 될 것이다.

참고문헌

이희조(2008), "DDoS, 막을 수 있나 없나?", 경영과 컴퓨터.
Behrouz A. Forouzan(2003), "TCP/IP Protocol Suite, 2e", MacGraw-Hill.
한국침해사고대응협의회(2008), "All about DDoS 기술세미나."
RFC2616, "Hypertext Transfer Protocol – HTTP/1.1."
Thomas Dübendorfer(2003), "Past and Future Internet Disasters: DDoS attacks", Security Protocols and Applications, 2003. 8.
Mirkovic J., Prier G., Reiher P.(2003), "Source-end DDoS defense", Network Computing and Applications, NCA 2003. Second IEEE International Symposium on, 16~18, April 2003.
The "stacheldraht" distributed denial of service attack tool, http://staff.washington.edu/ dittrich/misc/stacheldraht.analysis.

IX

i-PIN 서비스 현황 및 활성화 방안

요약

기업에 있어 개인정보는 기존고객 유지뿐만 아니라 신규고객 유치를 위하여 중요한 자산으로 인식되고 있으며, 이에 기업은 개인정보 수집을 위해 많은 노력을 기울이고 있다. 그러나 요즘 들어 개인정보가 부적절한 방법으로 유·노출되고, 유·노출된 정보가 명의도용 등의 악의적 의도로 사용되는 사례가 빈번히 발생하면서, 인터넷 이용자들의 프라이버시 침해에 대한 우려도 함께 증가하고 있다.

이에 행정안전부(과거 정보통신부)는 온라인상에서의 무분별한 주민등록번호 노출을 방지하고자 2005년부터 주민등록번호 대체수단(i-PIN) 서비스를 제공하고 있다. 하지만 서비스가 제공된 지 5년이 지났음에도 불구하고 여전히 많은 사람들이 i-PIN 서비스에 대하여 모르고 있는 상태이다.

따라서 본 보고서에서는 i-PIN에 대한 개략적인 내용, 서비스 현황과 함께 향후 활성화 방안에 대하여 알아보았다.

기업은 수익성 높은 제품 및 서비스를 개발하거나 소비자들을 현혹할 수 있는 마케팅 전략을 수립하기 위해서는 소비자의 성향 및 요구사항 등의 소비자 정보를 반드시 알아야 한다. 즉 기업에게 있어 소비자정보(이하 '개인정보')는 단순히 고객처리업무를 수행하기 위해 필요한 정보가 아니라, 기존 고객을 유지하고 신규 고객을 확보하는 데 있어 매우 중요한 자산으로 그 가치가 높아졌다.

기업은 광범위한 개인정보를 얻기 위하여 필요 이상의 정보를 무분별하게 수집하고 있으며, 심지어 국내뿐만 아니라 국외적으로 개인정보가 매매되는 상태에 이르렀다. 특히 몇 년 전부터는 이렇게 수집된 개인정보가 악의적으로 또는 관리 실수에 의해 유·노출되는 사례가 빈번히 발생하면서, 소비자가 느끼는 명의도용 및 프라이버시 침해 등에 대한 우려가 점점 더 증가하고 있다.

〈표 1〉 고객정보 주요 유출 사례

업체	개인정보가 유출된 고객수	내용
국민은행	3만 명	담당자 실수로 고객명단파일 외부 메일 전송
옥션	1,081만 명	해킹으로 인하여 고객정보 유출
하나로텔레콤	600만 명	고객동의 없이 개인정보 TM 업체에 고의 유출
GS칼텍스	1,100만 명	자회사 직원이 고객정보 DB 외부 유출

아래는 한국정보보호진흥원 개인정보침해센터에 신청된 개인정보 민원 건수에 대한 자료로, 개인정보 침해에 대한 민원이 급격히 증가하고 있음을 여실히 보여 주고 있다.

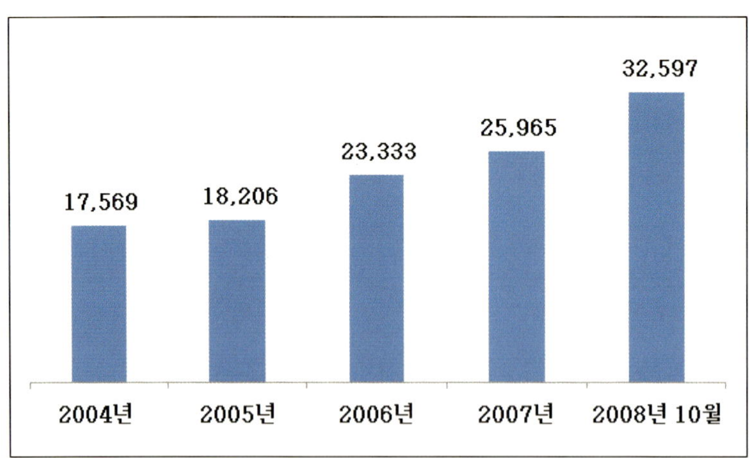

〈그림 1〉 개인정보 민원 신청 현황(단위: 건)

이에 행정안전부(과거 정보통신부)는 기업의 무분별한 주민등록번호 수집 자체를 막고자, 2005년 10월부터 주민등록번호 대체수단(i-PIN) 제도를 마련하였다. 그러나 현재까지도 주민등록번호 대체수단(i-PIN)에 대한 인식이 부족하고, 편의성 부족, 상호 운용성 미흡 등의 여러 가지 이유로 제대로 활성화되지 못하고 있는 상태이다.

본 보고서에시는 i-PIN 제도에 대한 개략적 이해와 함께 i-PIN 제도 활성화를 위해 무엇이 필요한지를 고민해 보고자 한다. 이를 위하여 먼저 주민등록번호를 이용한 실명확인제의 문제점(i-PIN 도입 배경)을 알아보고 i-PIN에 대한 일반적인 개요와 i-PIN 서비스 현황을 조사해 보았다. 그리고 i-PIN 활성화를 방해하고 있는 요인과 방송통신위원회에서 제시하고 있는 활성화 대책 방안에 대하여 알아보았다.

02

본론

1) 주민등록번호를 이용한 신원확인 체계

우리나라에서 주민등록번호는 태어날 때(출생신고)부터 국가로부터 부여받아 죽을 때까지 평생 변하지 않는 개인고유번호로, 평생 동안 나와 남을 식별하는 기능을 한다. 그리고 주민등록번호는 개인정보를 수집, 축적, 검색, 정리하는 과정에 있어 효율적인 수단으로 사용되고 있으며, 광범위하게 수집한 개인정보를 일목요연하게 통합하는 데 있어 주요한 역할을 하고 있다.

원래 주민등록번호는 국가가 국민들을 효과적으로 관리하고 행정을 효율적으로 처리하기 위해 고안된 제도이나, 민간영역인 기업에서도 광범위하게 쓰이고 있다. 특히 전자상거래 시장이 확대되고, 소비자 정보의 데이터베이스화도 가속화되면서 주민등록번호를 무분별하게 사용하는 기업들이 많다.

현행 우리나라 법을 살펴보면 주민등록번호를 민간영역에서 사용하는 법적 근거는 아직까지 마련되어 있지 않아, 엄밀히 말하면 민간영역에서 주민등록번호를 수집·이용·축적하는 것은 불법이다. 그러나 현실에서는 인터넷 사이트에 가입하기 위해서 주민등록번호 입력은 필수적이다. 실제 2003년도 한국정보보호진흥원 조사에 의하면, 조사에 참여한 448개 업체 중 447개 사이트가 회원가입 시 주민등록번호를 요구한 것으로 나타났다.

기업들이 이렇게 주민등록번호를 요구하는 이유는 주민등록번호를 식별정보로 활용할 시 산재해 있던 개인정보들을 손쉽게 검색·수집·축적할 수 있으며, 주민등록번호를 매개로 하여 오프라인이나 다른 온라인 사이트와 손쉽게 정보를 상호 통합 및 연동할 수 있기 때문이다. 그리고 새로운 식별체제 구축할 필요가 없어 회원관리 비용을 절감할 수 있기 때문이다(장종인, 2005).

주민등록번호가 식별정보로서 또는 다른 데이터베이스와의 연동을 위한 매개정보로서 개인정보 관리의 효율성을 제공하는 반면, 주민등록번호를 역으로 이용하여 한 개인과 관련된 정보를 추적·검색·축적하는 데 악용될 소지가 있다. 그리고 무엇보다 주민등록번호는 그 자체만으로 생년월일, 성별, 외국인 여부, 출생지 등의 많은 개인정보가 포함되어 있어 프라이버시 침해를 위한 수단으로 사용될 수도 있다. 주민등록번호에 포함된 개인정보는 아래와 같다.

〈표 2〉 주민등록번호 구조

주민등록번호 숫자 순서	주민등록번호에 포함된 개인정보
1~2번째 숫자	태어난 연도 뒷자리 수
3~4번째 숫자	태어난 월
5~6번째 숫자	태어난 일
7번째 숫자	남·여 여부와 태어난 세기, 내·외국인 여부
8~11번째 숫자	출생신고를 한 읍·면·동사무소의 유일한 지역코드
12번째 숫자	지역코드가 같은 곳에서 생일, 성별이 같은 사람이 신고한 순서
13번째 숫자	주민등록번호 검증코드

현재 대부분의 인터넷 사이트에서는 회원가입 시 사이트 중복 가입 방지, 14세 이상 여부 확인, 성인 여부 확인 등을 위하여 주민등록번호를 요구하고 있다. 하지만 이러한 상황에서 신원 확인을 위하여 수집되는 주민등록번호에 너무 많은 개인정보가 포함되어 있다는 점, 타인에 의한 주민등록번호 도용 시 이를 실효성 있게 제어 및 확인하기 위한 수단이 없다는 점, 그리고 온라인 경우 실제 그 주민등록번호에 해당되는 사람인지 확인하는 신원인증기능이 없다는 점이 가장 큰 문제로 인식되고 있다(염흥렬, 2005). 무엇보다 주민등록번호는 대한민국 국민으로 태어나자마자 국가로부터 부여받는 개인고유번호로 갱신 및 변경이 어려워 한번 노출 시 그 침해가 지속적으로 발생할 위험이 있다.

실제 2003년 국민인권위원회 조사에 따르면 인터넷 이용자들은 개인정보 중 주민등록번호에 대한 유출 위험을 가장 민감하게 느끼고 있는 것으로 나타났다.

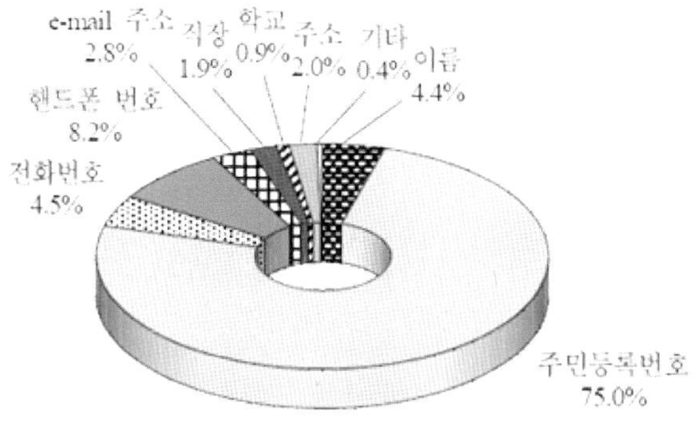

출처: 국가인권위원회 (2003)

〈그림 2〉 이용자들이 민감하게 취급하는 개인정보

이렇듯 온라인상에서 주민등록번호 대신에 신원인증기능을 수행할 수 있는 대체수단의 필요성이 인식되면서, 이에 대한 기술적 대응방안으로 행정안전부(과거 정보통신부)는 2005년 10월에 주민등록번호 대체수단(i-PIN) 제도를 시행하였다.

2) 주민등록번호 대체수단(i-PIN) 제도 개요

(1) 주민등록번호 대체수단(i-PIN) 정의

06년 한 해 동안 정보통신부가 10만 3천 개 웹사이트 및 구글 DB에 노출된 주민등록번호를 검색한 결과, 278,357건의 주민등록번호가 온라인상 노출된 상태로 나타났다. 이렇게 노출된 주민등록번호는 타인의 아이디, 주소 등 개인정보 조회 및 검색 Key값으로 활용되는 등 각종 범죄에 악용되고 있다. 이에 정부는 웹사이트 가입이나 성인인증시, 이용자가 개별 웹사이트에 주민등록번호를 제공하지 않으면서 본인을 확인할 수 있는 방법으로 주민등록번호 대체수단(i-PIN) 제도를 마련, 의무화하였다.

구체적으로 정부는 주민등록번호의 유출·피해 예방을 위하여 08년 6월, 「정보통신망 이용촉진 및 정보보호 등에 관한 법률」 개정을 통해 주민등록번호를 사용하지 않는 회원가입방법 제공을 의무화하였으며, 금년 1월에는 '정보통신망법 이용촉진 및 정보보호 등에 관한 시행령' 개정을 통하여 주민등록번호 대체수단을 제공해야하는 의무자 기준을 일일평균이용자 1만 명에서 5만 명(포탈의 경우)인 인터넷 사업자로 구체화하였다. 실제, 금년 6월, 방송통신위원회는 작년 10~12월 일일평균이용자수를 기반으로 하여 주민등록번호 외 회원가입수단을 도입해야 하는 기준적용 대상 사업자를 공시했다. 선정된 웹사이트에는 다음·네이버 등 포털 16개, NC소프트·넥슨 등 게임 48개, 롯데쇼핑·신세계 등 전자상거래 198개, 대한항공·르노삼성자동차 등 기타 777개가 포함돼 모두 1,039개가 대상에 올랐으며, 이 업체는 내년 3월까지 주민등록번호 대체수단(i-PIN)을 반드시 도입해야 한다.

<표 3> 주민등록번호 외 회원가입방법 의무화 관련 법률

(정보통신망 이용촉진 및 정보보호 등에 관한 법률 개정안. 08년 06월)

제23조의2(주민등록번호 외의 회원가입 방법) ① 정보통신서비스 제공자로서 제공하는 정보통신서비스의 유형별 일일평균 이용자 수가 대통령령으로 정하는 기준에 해당하는 자는 이용자가 정보통신망을 통하여 회원으로 가입할 경우에 주민등록번호를 사용하지 아니하고도 회원으로 가입할 수 있는 방법을 제공하여야 한다.
② 제1항에 해당하는 정보통신서비스 제공자는 주민등록번호를 사용하는 회원가입 방법을 따로 제공하여 이용자가 회원가입 방법을 선택하게 할 수 있다.

〈표 4〉 주민등록번호 외 회원가입방법 제공 의무자 관련 법률

(정보통신망 이용촉진 및 정보보호 등에 관한 시행령 개정안. 09년 01월)

제9조의2(주민등록번호 외의 회원가입 방법 제공 의무자 등) ① 법 제23조의2 제1항에서 "대통령령으로 정하는 기준에 해당하는 자"란 다음 각 호의 어느 하나에 해당하는 자를 말한다.

1. 포털서비스(다른 인터넷주소·정보 등의 검색과 전자우편·커뮤니티 등을 제공하는 서비스를 말한다)의 경우는 전년도 말 기준 직전 3개월간의 일일평균 이용자수가 5만 명 이상인 정보통신서비스 제공자
2. 게임서비스(「게임산업진흥에 관한 법률」 제2조 제1호 및 제1호의2에 따른 게임물과 사행성 게임물을 정보통신망을 이용하여 제공하는 서비스를 말한다)의 경우는 전년도 말 기준 직전 3개월간의 일일평균 이용자수가 1만 명 이상인 정보통신서비스 제공자
3. 전자상거래 서비스(「전자상거래 등에서의 소비자보호에 관한 법률」 제2조 제1호 및 제2호에 따른 전자상거래 및 통신판매를 정보통신망을 이용하여 제공하는 서비스를 말한다)의 경우는 전년도 말 기준 직전 3개월간의 일일평균 이용자수가 1만 명 이상인 정보통신서비스 제공자
4. 그 밖의 정보통신서비스의 경우는 전년도 말 기준 직전 3개월간의 일일평균 이용자수가 1만 명 이상인 정보통신서비스 제공자

② 방송통신위원회는 법 제23조의2에 따른 주민등록번호 외의 회원가입 방법 제공에 필요한 준비기간, 적용기간 및 제1항 각 호에 해당하는 자 등을 인터넷 홈페이지에 게시하는 방법으로 공시하여야 한다.

[본조신설 2009.1.28] 일일평균 이용자수가 1만 명에서 5만 명 이상인 정보통신서비스 제공자는 i-PIN의 사용을 의무화하였다.

주민등록번호 대체수단(i-PIN)이란 사용자가 자신의 신원정보를 신뢰할 수 있는 기관(본인확인기관)에 제공하여 본인임을 확인받은 뒤, 한국정보보호진흥원이 인정한 기술이나 방식을 이용하여 본인확인 정보를 발급받아 인터넷 사이트 회원가입이나 성인인증 등을 위해 주민등록번호 대신에 사용하는 것이라고 정의되며 i-PIN이라고 통칭되고 있다(최윤성 외, 2007). i-PIN은 'internet-Personal Identification Number'의 약자로, 대면 확인이 불가능한 인터넷 상에서 주민등록번호를 대신하여 본인임을 확인받을 수 있는 사이버 신원확인 정보체계를 말한다.

(2) 주민등록번호 대체수단(i-PIN)을 위한 용어 정의

본인확인서비스(i-PIN 서비스)는 본인확인기관이 인터넷 상에서 본인확인정보를 이용하여 가입자를 유일하게 식별 및 인증하기 위하여 필요한 제반 서비스라고 정의될 수 있다.

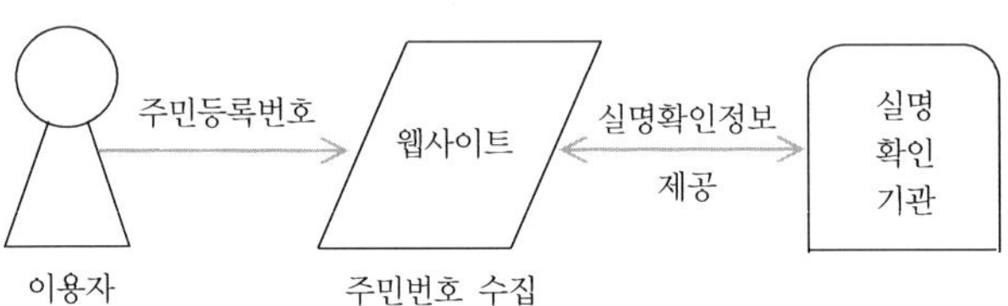

* 주민번호 정보 노출 시 폐기 및 변경 불가

〈그림 3〉 기존 주민등록번호를 이용한 신원확인체계

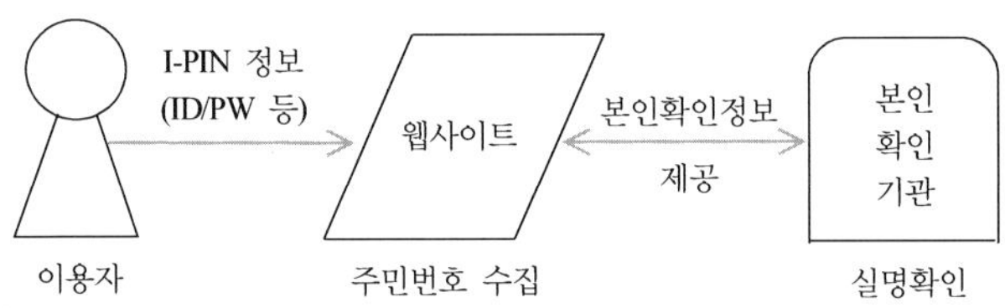

*I-PIN 정보 노출 시 폐기 및 재발급 가능

〈그림 4〉 i-PIN을 이용한 신원인증체계

본인확인기관이란 본인확인서비스를 제공하는 주체로서, 시설·관리·운영·개인정보보호요건을 만족하는 기관이라 할 수 있다. 본인확인기관은 가입자(사용자)로부터 개인정보를 입력받은 후 사용자의 주민등록번호를 대신할 식별자(본인확인정보 또는 i-PIN 번호)를 생성한다. 사용자가 인터넷 사이트 회원가입 등의 본인확인서비스를 이용하고자 할 때, 본인확인기관은 사용자 요청에 따라 해당 사이트에

주민등록번호를 대신할 본인확인정보(i-PIN 번호)를 제공한다.

<표 5> 본인확인기관 현황

본인확인기관명	서비스 명	발급사이트 주소
행정안전부	공공 i-PIN	www.gpin.go.kr
한국정보인증	원패스	www.signgate.com
한국신용정보	나이스 아이핀	www.nuguya.com
한국신용평가정보	가상주민번호	www.vno.co.kr
서울신용평가정보	Siren24 아이핀	www.siren24.com

본인확인정보(i-PIN 번호)는 인터넷 상에서 본인확인기관이 각 가입자에게 부여하는 고유한 식별 정보라고 정의될 수 있다. 생년월일, 성별 등의 개인정보는 포함되지 않으며, 가입자가 언제든지 갱신·폐지 가능하되 한정된 시간 동안에는 유일성을 보장하는 13자리 난수로 구성된다. 13자리 중 3, 4번째 숫자는 본인확인기관에 따라 고정된 값으로, 13은 서울신용평가정보, 15는 한국신용정보, 16은 한국신용평가정보, 17은 한국정보인증, 70은 행정안전부 G-PIN센터를 의미한다. 이 두 자리 이외에는 모두 난수값으로, 이 값에서 개인의 주민등록번호를 유추할 수 설계되어 있다.

인터넷 사업자는 인터넷을 이용하여 정보 및 서비스를 제공하는 일을 업으로 하는 사람이나 기관을 의미한다. i-PIN 도입 웹사이트는 본인확인기관으로부터 본인확인정보(i-PIN 번호) 이외에 본인 확인된 이용자의 성명, 생년월일, 성별, 중복가입확인정보, 연령대, 내·외국인 등에 대한 정보를 제공받는다.

가입자(사용자)는 인터넷 사이트 가입이나 성인인증을 위하여, 본

인확인기관에 자신의 개인정보를 제공하고 신원확인을 받은 후 본인
확인기관으로부터 본인확인정보를 발급받는 자를 의미한다.

아래 표는 각 본인확인기관에서 제공하는 i-PIN 서비스별 특징을
정리한 것이다(최윤성 외, 2005; 한국정보보호진흥원, 2007).

〈표 6〉 각 i-PIN 서비스별 특징

	한국신용정보	한국신용평가정보	서울신용평가정보	한국정보인증
서비스 명	나이스 아이핀	가상주민번호	Siren24 아이핀	OnePass
i-PIN 번호(식별자) 구성 및 명칭	13자리 난수로 구성된 나이스 아이핀 [2615118028014]	13자리 난수로 구성된 가상주민번호 [5216414811635]	13자리 난수로 구성된 가상식별코드 [3313060444105]	13자리 난수로 구성된 식별번호 [3517368115561]
	i-PIN 번호는 사업자DB에 사용자의 주민등록번호 대신 들어가는 정보이다. i-PIN 번호 중 2자리(셋째,넷째자리)는 각 본인확인기관에 할당된 번호이다.			
사용자에게 i-PIN 번호 제공 여부	알려 줌.	알려 줌.	알려 주지 않음.	알려 주지 않음.
i-PIN 번호 발급 전 추가적 본인확인방법	범용공인인증서 신용카드정보 휴대폰인증정보 대면확인	범용공인인증서 신용카드정보 휴대폰인증정보 대면확인	범용공인인증서 신용카드정보 휴대폰인증정보 대면확인	범용공인인증서 대면확인
i-PIN 정보를 발급/검증을 하는 팝업창의 형태	가입하고자 하는 인터넷 사이트에서 본인확인기관으로 이동하지 않고 팝업창을 통해 i-PIN 정보의 발급 및 검증을 요청함.	-팝업창방식: 다른 i-PIN서비스방식과 동일 -직접입력방식: 이용자가 인터넷 사이트에 직접 입력한 가상주민번호를 해당 사이트가 본인확인기관에 전송하여 검증	가입하고자 하는 인터넷 사이트에서 본인확인기관으로 이동하지 않고 팝업창을 통해 i-PIN 정보의 발급 및 검증을 요청함.	가입하고자 하는 인터넷 사이트에서 본인확인기관으로 이동하지 않고 팝업창을 통해 i-PIN 정보의 발급 및 검증을 요청함.
회원가입 시 필요한 사용자 입력정보	식별ID 및 비밀번호	식별ID 및 비밀번호	식별ID 및 비밀번호	범용공인인증서와 비밀번호
	*식별ID 및 비밀번호는 사용자가 직접 설정			

(3) 주민등록번호 대체수단(i-PIN) 서비스 모델(동작 흐름)

주민등록번호 대체수단의 서비스 모델(동작 흐름)은 일반적으로
아래 그림과 같으며 i-PIN 서비스 기관(본인확인기관)에 따라 세부적

으로는 약간 다른 동작 흐름을 가질 수 있다.

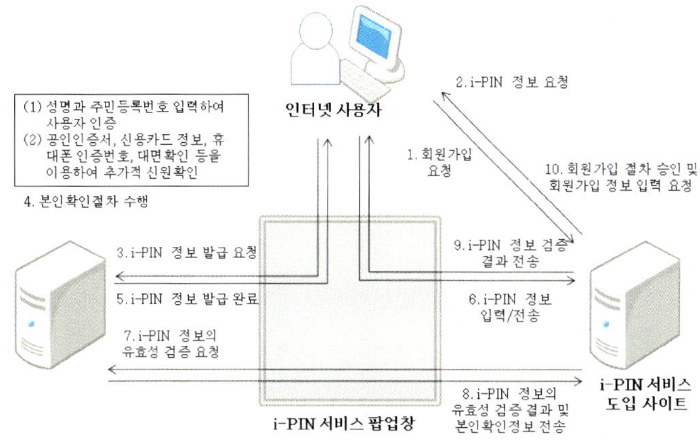

① 사용자가 인터넷 사이트에 i-PIN을 이용한 회원가입을 요청한다.
② 인터넷 사이트는 i-PIN 제출을 요청한다.
③ 사용자는 i-PIN 발급 또는 제출을 위하여 특정 본인확인기관을 선택하면, 인터넷 사이트는 해당 사용자를 해당 본인확인기관으로 연결한다(팝업창 등을 이용).
④ (사용자가 i-PIN을 발급받지 않은 경우) 사용자는 해당 본인확인기관에서 본인확인정보 발급을 요청한다.
⑤ (사용자가 i-PIN을 발급받지 않은 경우) 본인확인기관은 해당 가입자에 대하여 신원확인(공인인증서, 대면확인, 휴대폰 인증 등의 방법 사용) 후, 가입자에게 본인확인정보를 발급한다. 이때 사용자는 본인확인정보와 연결되는 식별ID 및 비밀번호를 함께 발급받는다.
⑥ 사용자는 인터넷 사이트의 i-PIN 제출 팝업창에서 발급받은 자신의 i-PIN 정보(식별ID 및 비밀번호)를 입력한다.
⑦ 인터넷 사이트는 i-PIN 정보에 대한 유효성 검증을 본인확인기관에 요청한다(이 과정은 본인확인기관 종류에 따라 제외될 수 있다).
⑧ 본인확인기관은 유효성 검증 결과 및 본인확인 관련 정보(성명, 본인확인정보, 생년월일, 성별, 연령대, 내·외국인 정보 등)를 인터넷 사이트에 제공한다.

〈그림 5〉 i-PIN 서비스를 이용한 일반적인 본인확인절차(i-PIN 1.0)

이미 i-PIN을 발급받은 사용자의 경우, 위 과정에서 i-PIN 발급 과정만을 제외하면 된다. 단 이 경우 인터넷 사업자(인터넷 사이트)가 i-PIN을 이용한 본인확인서비스를 제공하기 위하여 계약한 본인확인기관과 사용자가 i-PIN 정보를 발급받은 본인확인기관이 서로 동일하다는 과정에서의 동작 흐름이다.

사용자의 본인확인기관과 인터넷 사업자가 계약한 본인확인기관이 서로 다를 경우 본인확인기관 간에 상호 호환성(연동성)을 제공한다. 즉, 사용자의 본인확인기관이 해당 사용자에 대한 신원 확인한 후 본인확인정보를 인터넷 사업자의 본인확인기관에 제공한다. i-PIN 도입 초기에는 이 부분이 원활히 지원되지 않아 많은 문제가 제기되었으나, 현재는 원활히 지원되고 있다.

현재 개선된 i-PIN 2.0에서는 사용자 및 사업자의 편의성을 위하여 i-PIN 계정 통합관리 시스템, 연계정보(CI) 등이 적용, 도입되면서 동작흐름이 일부 변경되었다.

(4) 다른 신원확인수단과의 비교

사용자의 신원을 확인하는 방법은 크게 주민등록번호, 휴대폰 인증, 공인인증서 인증, 신용카드 인증, i-PIN 인증, 대면확인 등이 있다. 아래는 신원확인 수단에 대하여 기능 및 편의성 부분을 비교한 것이다.

〈표 7〉 신원확인 수단별 기능 및 편의성 비교(방송통신위원회)

	청소년 이용 가능 여부	연령 구분 가능 여부	온·오프라인 연계 가능 여부	중복가입 방지 가능 여부	인증 방법	편의성
주민등록번호	○	○	○	○	암기	★★★★★
i-PIN 1.0(기존)	○	○	×	○	암기	★★★★
i-PIN 2.0	○	○	○	○	암기	★★★★★
휴대폰 인증	△	△	×	×	소지	★★★
공인인증서 인증	△	×	×	△	소지＋암기	★★
신용카드 인증	×	×	×	×	소지＋암기	★★
대면확인	○	○	×	×	-	★

i-PIN 2.0은 기존 i-PIN의 주요한 한계점을 극복한 개선된 체계로, 사용자 및 인터넷 사업자에게 기존보다 더 나은 사용 편의성을 제공하고, 온·오프라인 연계 기능까지 제공하는 체계이다.

그리고 i-PIN과 주민등록번호를 통한 신원확인 방법 간에 주요한 차이는 아래와 같다.

〈표 8〉 주민등록번호를 이용한 실명확인제와 i-PIN 간 차이(한국정보보호진흥원)

	주민등록번호	i-PIN
검증 절차	실명확인기관에서 주민등록번호와 성명의 일치 여부를 확인 (신원인증기능 부재)	본인확인기관에서 이용자 본인 여부를 확인 (주민등록실명확인 및 신원확인)
주민등록번호 저장	개별 웹사이트에 저장됨.	웹사이트에 저장 안 됨.
유출위험	주민등록번호 외부 유·노출 가능성이 상대적으로 높으며, 노출 시 주민등록번호 변경이 불가하여 지속적인 피해가 발생할 수 있음.	주민등록번호 외부 유·노출 가능성이 낮음. i-PIN 유·노출 시 i-PIN 해지/신규 발급이 가능하므로 이후 피해위험을 방지할 수 있음.
성인 인증	수집한 주민등록번호 상의 생년월일을 기준으로 성인 여부 확인	웹사이트가 필요한 경우, 본인확인기관에서 이용자 생년월일을 제공

3) 주민등록번호 대체수단(i-PIN) 서비스 현황

(1) 인터넷 사업자

상호 운용성이 미흡하고 일정 수준의 품질을 제공하지 못했던 2006년까지는 23개 인터넷 사이트만이 i-PIN 서비스를 도입·적용하였으나, 2008년 주민등록번호 대체수단(i-PIN) 제공을 의무화하도록 정보통신망법을 개정한 이후 도입 초기에 비하여 많은 사이트가 도입하고 있다. 실제 한국정보보호진흥원 자료에 따르면 2009년 5월 말 기

준 266개의 민간 사이트, 794개의 공공사이트가 주민등록번호 대체수
단을 도입·적용한 것으로 나타났다. 하지만 등록된 KR 도메인 수가
1백만 개 이상인 현재 인터넷 환경을 생각하면 인터넷 사업자들의
i-PIN 도입이 매우 미미함을 알 수 있다.

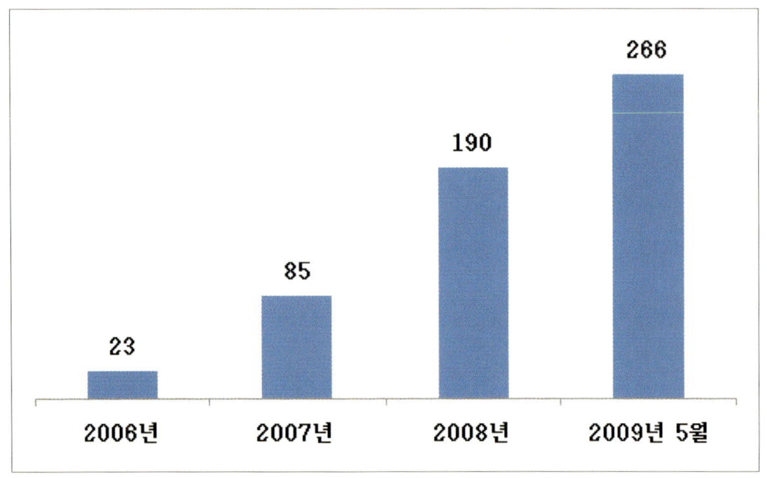

〈그림 6〉 i-PIN 도입 사이트 현황(단위: 개)

이는 결제 관련 서비스에서는 여전히 주민등록번호를 이용할 수밖
에 없는 구조로, 인터넷 사업자는 주민등록번호 대체수단(i-PIN) 인증
시스템을 이중으로 새로이 구축하는 비용과 함께 i-PIN 인증기관(본
인확인기관) 및 이동통신사(휴대폰 인증 시) 등에 지급해야 하는 이
용료가 부담이 되기 때문이다. 특히 i-PIN으로 한 업체에 회원 가입하
면 다른 사이트까지 통합·이용할 수 없는 것도 인터넷 사업자가
i-PIN 도입을 꺼리는 이유다.

한편 금년 6월에 방송통신위원회는 개정된 정보통신망법 시행령을

기준으로, 내년 3월까지 i-PIN을 반드시 도입해야 하는 1,000여 개의 인터넷 사업자를 공시하였으므로 i-PIN 도입 사이트는 급격히 증가할 것으로 예상된다.

(2) 사용자(가입자)

방송통신위원회 및 정보보호진흥원에 따르면 2009년 4월 말 기준 아이핀 누적 발급 건수는 총 87만 5,559건으로 나타났다. 하지만 현재 인터넷 이용인구가 3,000만 명이 넘는 현실, 특히 프라이버시 침해에 대한 인터넷 이용자들의 우려가 점점 증가하고 있는 상황에 비교하면 i-PIN 발급 건수는 매우 적다고 볼 수 있다(전체 이용자 대비 3% 미만). 그리고 2008년 한국정보보호진흥원에서 추진한 홍보 캠페인에 의해 많은 이용자가 i-PIN을 발급받았지만, 발급받은 사용자 중 i-PIN 을 실제 사용하거나 재사용하는 사용자는 더 미미할 것으로 생각된다.

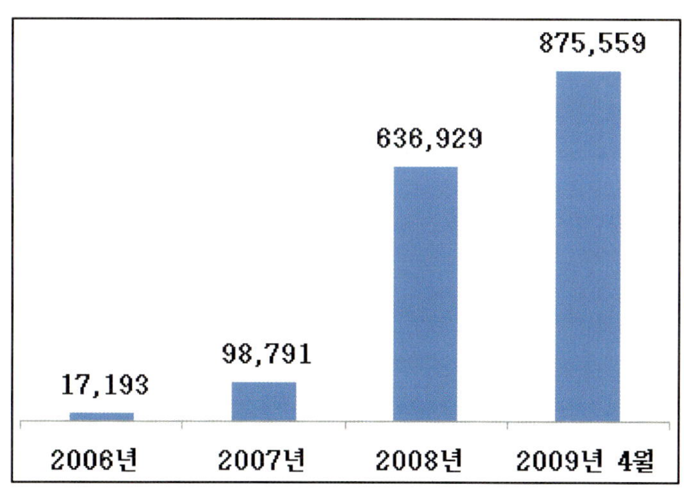

〈그림 7〉 i-PIN 누적발급 건수 현황

이는 i-PIN 발급의 번거로움, i-PIN 정보(발급받은 본인확인기관 및 i-PIN 식별ID와 비밀번호) 기억의 번거로움, 그리고 상당수 인터넷 이용자가 이미 주민등록번호를 이용하여 회원 가입해 있기 때문으로 판단되고 있다. 또한 i-PIN이 주민등록번호를 완전하게 대체하지 못하는 현재 인터넷 환경(전자결재 등의 금융 관련 서비스)도 i-PIN 도입의 주요 저해요인으로 판단된다.

4) 주민등록번호 대체수단(i-PIN) 도입 저해 요인

방송통신위원회와 한국정보보호진흥원, 그리고 i-PIN 관련 선행연구와 언론기관에서의 자료를 기반으로 하여, i-PIN 도입을 저해하는 요인이 무엇인지 정리하여 보았다.

(1) 이용자 입장에서의 i-PIN 도입 저해 요인

① i-PIN에 대한 인식 저조

2008년 한국정보보호진흥원 실태조사에 따르면 인터넷 이용자의 60%가 i-PIN에 대하여 인식하고 있으며, 인식한 사람의 59.4% 주민번호 대체수단을 경험한 것으로 나타났다. 하지만 그 외 대부분의 연구 및 언론기관에서는 인터넷 이용자들의 i-PIN에 대한 인식이 매우 저조하며, 이를 해결하기 위하여 보다 적극적인 홍보가 필요하다고 말하고 있다.

② 주민등록번호 기반의 i-PIN 서비스

이용자가 i-PIN을 발급받기 위해서는 본인확인기관에 자신의 주민
등록번호를 제공해야 한다. 이는 가입자에게 '주민등록번호 보호를
위하여 오히려 자신의 개인정보(주민등록번호 등)를 한 번 더 제공하
는 것이 아닌가' 하는 거부감을 주고 있다.

③ i-PIN 가입 및 이용상의 불편

본인확인기관이 여러 기관으로 존재하지만, i-PIN 서비스를 이용하
기 위해서는 이용자는 하나의 본인확인기관에서만 i-PIN을 발급받아
사용해도 된다. 그러나 이용자는 본인확인기관마다 서로 다른 각각의
i-PIN 정보를 발급받을 수 있으며 본인확인기관마다 발급방법도 상이
하여, 오히려 인식이 낮은 이용자들에게 i-PIN 발급 및 사용에 대한
혼동을 주고 있다.

인터넷 이용자가 i-PIN을 이용할 때, 자신의 i-PIN 식별ID 및 비밀번
호뿐만 아니라 자신이 어느 본인확인기관에서 i-PIN 정보를 발급받았
는지에 대하여 기억하고 있어야 한다. 이에 반해 i-PIN을 이용한 본인
확인서비스는 회원가입, 성인인증, 비밀번호 변경 등의 경우에만 사
용되는 것으로 이용 빈도가 낮아, 이용자가 자신의 i-PIN 관련 정보를
제대로 기억하는 것은 그리 쉽지 않다고 볼 수 있다.

이러한 문제점은 개선된 i-PIN 2.0에서, 이용자에게 i-PIN 발급기관
을 자동식별해 주는 기능을 제공하는 것으로 어느 정도 해결되었다.

④ i-PIN 전환 필요성 부족

이미 상당수 인터넷 사용자가 주민등록번호로 인터넷 사이트에 회

원 가입해 있는 상태로, i-PIN을 별도로 발급받아 신원확인을 받아야 한다는 필요성을 못 느끼고 있다. 그리고 기존에 회원 가입한 인터넷 사이트 내 데이터베이스에서 자신의 주민등록번호를 i-PIN 정보로 완전히 전환하고자 할 경우, 이용자는 해당 사이트에서 회원 탈퇴 후에 i-PIN을 이용하여 다시 회원가입을 해야 하는 번거로움이 있다.

그리고 무엇보다 현재 인터넷 환경에서는 주민등록번호를 i-PIN으로 완전히 대체하는 게 현실적으로 불가능한 상태이다. 전자상거래법 규정에 따르면 인터넷 쇼핑을 위해서는 반드시 주민등록번호를 입력해야 한다. 즉 소비자의 계약이행이나 도용방지, 본인확인 등을 위하여 이용자는 i-PIN 정보를 입력하고도 여전히 주민등록번호 등의 개인정보를 입력해야 하기 때문에, 소비자의 경우 자신의 정보를 이중으로 제공하는 번거로움이 따른다. 마찬가지로 인터넷 게시판에 댓글의 쓰고자 할 경우에도 인터넷 실명제를 규정한 정보통신망법에 따라 이용자는 주민등록번호를 반드시 입력해야 한다.

이렇듯 i-PIN이 완전히 주민등록번호를 대체하지 못할 뿐더러 주민등록번호에서 i-PIN으로의 전환 과정이 매우 번거로워, 인터넷 이용자들은 프라이버시/개인정보 침해에 대한 우려가 높아지는 상황에서도 i-PIN으로 전환할 필요성을 절실히 느끼지 못하고 있다.

⑤ **본인확인기관에 대한 불신**

민간 i-PIN의 본인확인기관은 공공기관이 아니라 대부분 민간 신용정보업체이다. 이에 이용자들은 본인확인기관들의 개인정보 관리 능력에, 그리고 자신의 개인정보를 영리적인 목적으로 절대 사용하지 않을 것이라는 것에 대하여 온전한 믿음을 가지지 못하고 있다. 일부

인터넷 이용자의 경우 이 업체들이 i-PIN 발급 및 검증 서비스를 통하여 수익을 챙길 뿐 아니라, 인터넷 이용자들이 가입한 사이트 목록까지 수집할 수 있게 됨으로써 또 다른 정보유출 경로가 될 수 있을 거라는 우려를 가지고 있다.

⑥ MS 인터넷 익스플로러에서만 구동

i-PIN 서비스를 제공하기 위한 보안모듈은 Microsoft의 액티브X(Active-X)가 있어야만 설치가 가능하다. 이에 구글 크롬이나 사파리, 파이어폭스와 같은 웹브라우저 이용자들은 i-PIN을 전혀 이용할 수 없다.

(2) 인터넷 사업자 입장에서의 i-PIN 도입 저해 요인

① 비용 부담

인터넷 사업자가 i-PIN을 도입을 꺼리는 가장 큰 이유로 비용 부담을 들고 있다. 인터넷 사업자자 i-PIN을 도입하기 위해서는 초기 i-PIN 인증을 위해 새로운 시스템을 구축해야 하고, 기존 인증 및 결제 시스템을 변경해야 한다. 또 i-PIN 도입한 이후에도 본인확인기관(i-PIN 인증), 이동통신사(휴대폰 인증) 및 공인인증기관(공인인증서 인증)에 건당 수수료를 지불하여야 한다. 작년 국정감사 자료에 따르면 기존의 개인정보 수집 방법에서 i-PIN으로 전환할 경우, 업체의 회원규모에 따라 500만 원에서 11억 원까지 들어간다는 분석도 있었다. 즉, 이러한 막대한 초기비용과 본인확인을 위한 유지비용 때문에 인터넷 사업자의 자발적인 i-PIN 도입은 기대하기 어려운 상황이다.

② 온·오프라인 사이트 간 연계 부족

주민등록번호는 개인 고유의 식별번호로서 온·오프라인 간 상호 연동을 효율적으로 지원해 주었다(예: 온라인으로 영화티켓을 구매한 후 오프라인에서 신원확인 후 티켓 발급받는 경우). 하지만 현재까지 i-PIN은 한 업체(사이트)에 회원 가입하더라도 다른 사이트까지 통합적으로 이용할 수 없는 한계점을 가지고 있다. 이에 여러 인터넷 사이트 또는 오프라인 사이트와의 연계가 필요한 기업의 경우 i-PIN을 적극적으로 도입하기 어려웠다. 하지만 향후 i-PIN 2.0에서는 웹사이트 간 이용자 구별이 가능한 연계정보(CI; Connecting Information)를 이용하여 사이트 간 연계 기능을 제공할 계획이다.

이러한 이유로 i-PIN 제도가 방송통신위원회 소관임에도 불구하고, 이동통신사 중 LG텔레콤만이 금년 2월에 i-PIN을 도입하였다. 하지만 i-PIN을 도입한 LG텔레콤 관계자의 말에 의하면 하루에 3,000~4,000명 정도의 회원가입자 중 i-PIN을 이용한 회원가입은 3~4건밖에 되지 않는다고 한다. 이는 인터넷 이용자들의 i-PIN에 대한 인식, 그리고 i-PIN 이용 필요성에 대한 인식이 매우 부족함을 나타내고 있다.

(3) 기타 i-PIN 도입 저해 요인

① 보안성 우려

2008년 10월, i-PIN을 도입한 50개 사이트 중 32개 사이트에서 개인정보의 유·노출이 가능하며 개인정보를 조작할 수 있는 것으로 나타났다. 대부분은 이용자와 웹사이트 간 통신을 보안채널이 아닌 일반 HTTP 통신을 함으로써 이용자가 입력한 i-PIN ID/PW 등이 노출되는 등의 사례였다. 따라서 안전한 본인확인서비스를 제공하기 위해서는 이용자와 본인확인기관 간 통신, 본인확인기관과 인터넷 사이트 간 통신, 그리고 이용자와 인터넷 사이트 간 통신 모두가 암호화 기술(예: HTTPS 등의 보안 채널)을 이용하여 안전하게 이루어지는 것이 필요하다. 현재 방송통신위원회(한국정보보호진흥원)는 이를 위하여 인터넷 사이트의 보안서버의 보급 확대를 적극 추진하고 있다.

그리고 일부 보안전문가의 경우 이용자가 i-PIN 식별ID 및 비밀번호를 유추하기 쉽거나 다른 사이트에서 이용하는 ID 및 비밀번호를 사용함으로써, 오히려 보안 취약성을 높인다고 말하고 있다.

② i-PIN 정보 유출 및 도용에 대한 위험

i-PIN은 인터넷 상에서 주민등록번호를 대신하여 본인확인을 받을 수 있는 사이버 신원확인번호로, i-PIN 사용 시 그 효력은 주민등록번호와 동일하다고 볼 수 있다. 마찬가지로 i-PIN 정보가 유출되거나 도용되었을 때 그 위험 또한 주민등록번호의 유출 및 도용 위험과 비슷하다고 볼 수 있다(결재, 소득공제 등의 서비스 제외). 물론 i-PIN의 경우 유·노출이 인식되었을 경우 i-PIN의 폐기 및 재발급을 통하여 이후에 발생할 수 있는 위험을 방지할 수 있다. 하지만 이용자가 유·노출 행위를 인식하지 못한 경우에는 주민등록번호가 유·노출된 것과 동일한 위험을 가진다.

③ 다른 개인정보에 대한 보호 기능 부재

i-PIN은 단순히 주민등록번호의 유·노출을 방지하기 수단일 뿐 다

른 개인정보(주소, 전화번호 등)는 전혀 보호하지 못한다.

주민등록번호 대체수단(i-PIN)은 몇 년 전부터 빈번히 나타나는 개인정보 유출사고를 방지하고자, 정부가 신속하게 마련한 기술적 그리고 제도적 대응 방안이다. 위 i-PIN 도입 저해 요인을 보았을 때, i-PIN은 아직까지는 과도기적인 성격으로 서비스 고도화가 제대로 이루어지지 않았음을 알 수 있다. 그리고 i-PIN이 활성화되기 위해서는 i-PIN 체계 개선을 통한 이용 절차 간소화 및 보안성 강화가 필요하며, 적극적인 홍보를 통한 국민 인식의 강화가 무엇보다 필요함을 알 수 있다.

5) 주민등록번호 대체수단(i-PIN) 활성화 대책

금년 3월에 방송통신위원회는 인터넷상 주민등록번호 대체수단(i-PIN) 활성화 종합 대책방안을 마련하였다. 크게 3단계로 나누어 i-PIN 활성화 대책을 추진하기로 하였으며, 각 단계별 주요 추진 전략은 아래와 같다.

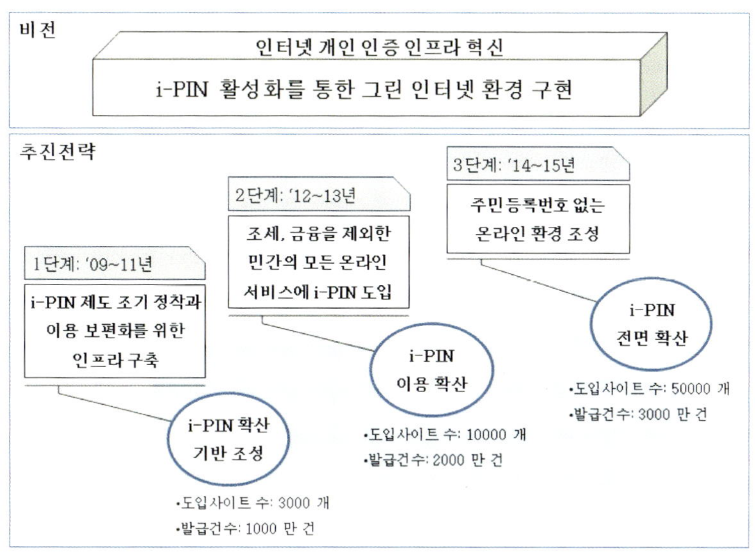

〈그림 8〉 i-PIN 활성화 종합대책 추진 전략(방송통신위원회)

① 1단계(2009~2011년)

i-PIN 제도 정착 및 이용 편의성을 위하여, 기존 구조를 개선한 i-PIN 2.0 서비스를 구축하는 것을 목표로 한다. 구체적으로 다른 온라인 사이트 또는 오프라인 서비스 간 연계가 가능하도록, 즉 사이트 간에 동일인 식별을 가능케 해주는 공동식별자인 '연계정보(CI; Connecting information)'를 생성·비교할 수 있도록 하는 모듈을 개발·제공할 계획이다.

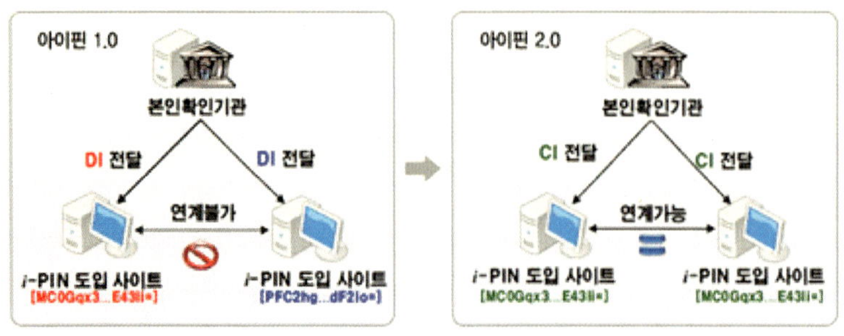

〈그림 9〉 연계정보(CI)를 이용한 사이트 간 연계

그리고 이용자의 편의성을 제공하기 위하여 'i-PIN 계정 통합관리 시스템', 'i-PIN 전환시스템'을 개발·지원할 계획이며, 초·중·고교 생의 신원보증절차를 간소화하여 편리하게 i-PIN을 이용할 수 있는 체계를 구축할 계획이다. 그 외 본인확인기관의 신뢰도 향상 및 i-PIN 확산을 위한 법제도 정비, i-PIN 인식 강화를 위해 다양한 활동을 계 획하고 있다.

〈그림 10〉 i-PIN 계정 통합관리 시스템

② 2단계(2012~2013년)

조세, 금융을 제외한 민간의 모든 인터넷 사이트에 주민등록번호 대체수단(i-PIN)을 적용할 계획이다.

③ 3단계(2014~2015년)

조세, 금융을 포함한 민간의 모든 인터넷 사이트에서 주민등록번호 대체수단(i-PIN)을 적용할 계획으로, 행정적 목적 이외의 주민등록번호 사용을 금지하는 방안을 법제화할 계획이다.

주민등록번호 대체수단(i-PIN)은 2005
년 10월부터 적용된 이래, 5년이 지났지만 아직까지 활성화되지 못했
다. 이는 i-PIN에 대한 이용자들의 인식 부족뿐만 아니라, 인터넷상에
서 주민등록번호를 완전히 대체할 수 없는 불완전한, 그리고 여론에
힘입어 급히 만들어진 고도화되지 못한 서비스이기 때문이라 생각된
다. 즉, 이용자 및 인터넷 사업자에게 유용성과 이용 편의성을 제공하
지 못했기 때문이다. 방송통신위원회 및 한국정보보호진흥원은 i-PIN
을 활성화시키기 위하여 무엇보다 i-PIN의 유용성과 이용 편의성을
제공해야 한다. 이를 위해 현재처럼 i-PIN 발급 건수를 측정, 평가하
는 것보다는 발급받았던 사용자를 대상으로 재사용 여부 및 재사용

에 대한 경험을 조사함으로써 개선점을 도출하는 것이 필요하다.

그리고 만약 금년에 발표된 '주민등록번호 대체수단(i-PIN) 활성화 종합대책'에서 언급된 대로 2015년부터 민간에서의 주민등록번호 사용을 금지하는 방안이 통과된다면, 주민등록번호 대체수단(i-PIN)은 인터넷 상에서 기본적인 서비스로 이용될 것이다. 그 때는 지금처럼 과도기적인 서비스가 아닌 보다 안정적이고 고도화된 서비스가 제공되어야 할 것이다. 이를 위하여 지금부터 안정적인 서비스를 어떻게 제공할 것인지, 그리고 i-PIN으로 모두 대체된 상황에서 발생할 수 있는 문제점이 무엇인지 등에 대하여 미리 고민·논의되어야 할 것이다.

그리고 이용자가 i-PIN을 이용한 본인확인서비스에 대하여 신뢰성을 가질 수 있도록, 본인확인기관뿐만 아니라 인터넷 이용환경 전반에 걸쳐 안전한 서비스를 제공하는 것이 중요하다고 생각된다. i-PIN으로 모두 대체되었을 때 발생할 수 있는 보안적 위험은 무엇인지, 그에 대한 대응방안은 무엇인지 미리 논의가 되어야 할 것이다.

추가적으로 현재 i-PIN 제도는 단순히 인터넷상에서 주민등록번호만을 대체하기 위한 서비스이다. 하지만 지금까지 또는 향후 투입되는 노력, 인력 등의 비용 대비 그 기능은 다소 미흡하다고 생각된다. 따라서 단순히 주민등록번호만을 대체하는 것이 아닌 다른 유용한 서비스를 추가적으로 제공된다면 i-PIN의 유용성은 더 높아질 것이다.

앞에서도 언급했다시피 i-PIN은 급격히 증가한 개인정보 유출사고에 대응하기 위하여, 정보에서 급히 마련한 기술적·제도적 장치로 그 준비기간이 부족했다고 생각된다. 이에 초기에 제도상의 많은 문제점이 발견되었으나, 현재 많은 부분이 개선되고 있다. i-PIN은 정부 규제에 의하여 시작된 개인인증체계이지만, 이용자 및 인터넷 사업자가 자발적으로 도입·적용할 수 있는 소비자 중심의 체계가 마련된 다면, 정부의 계획대로 주민등록번호가 필요 없는 인터넷 환경이 원만하게 조성될 수 있을 것이다.

참고문헌

방송통신위원회, 한국정보보호진흥원(2009), "i-PIN 정책 설명회 및 개인정보의 기술적 관리적 보호조치 기준 개정(안) 공청회."
오상진(2008), "개인정보보호 현황 및 대응방안", 방송통신위원회.
염흥열(2005), "인터넷상에서의 주민등록번호 대체수단", 언론과 법, 제4권 제2호, 83~110.
장종인(2005), "개인정보시장에서 주민등록번호의 이용", 정보통신정책, 제17권 18호 통권 379호, 26~50.
최윤성·이윤호 외(2007), "주민등록번호 대체수단에 대한 구현 취약점 분석", 정보보호학회논문지, 한국정보보호학회, 145~185.
한국정보보호진흥원, "2008년 실태조사 개인편(최종)."
한국정보보호진흥원, "i-PIN 도입 매뉴얼."
한국정보보호진흥원, "개인정보화 i-PIN."
한국정보보호진흥원, "인터넷에서는 주민번호 대신 i-PIN."
한국정보보호진흥원, "사례를 통해 알아보는 i-PIN."
정보통신망 이용촉진 및 정보보호 등에 관한 법률 및 시행령.

X
지능형 전력망 도입과 사이버보안 전략

요약

지능형 전력망은 전력기술에 정보통신 기술을 접목하여 친환경, 고효율, 고신뢰의 지능화된 차세대 전력시스템이다. 이는 종래의 전력 네트워크와는 달리 수용가 및 전력 생산자와 전력망 운영 주체 사이의 양방향 정보 교환을 통해 보다 안정적이고 효율적으로 전력을 공급하도록 한다. 또한 재생 에너지원을 전력계통 운영에 포함시킴으로써 환경 문제에도 도움을 준다. 하지만 지능형 전력망은 양방향 서비스, 중·소규모 에너지원의 증가, 다량의 센서 및 제어기기의 설치 등으로 많은 사이버 보안 위협을 지닌다. 이러한 사이버 위협은 한 번의 실수로 큰 피해를 입게 되는 국가 전력망에 있어서 치명적인 문제가 된다. 따라서 이러한 사이버 보안 위협을 해소하기 위해 지능형 전력망의 사이버보안 전략을 수립하고, 이를 개발 단계에서부터 실제 도입단계에 이르는 전 과정에서 적용해야 한다.

지능형 전력망의 사이버 보안 요구사항을 분석하고 사이버 보안 요소기술을 정의하며, 이를 바탕으로 지능형 전력망에 필요한 사이버 보안전략을 제안한다. 사이버 보안 전략을 지능형 전력망에 적용함으로써 안전하고 신뢰성 있는 지능형 전력망 구축의 초석이 될 것으로 기대된다.

한국정보보호학회 논문지에 게재된 논문을 재정리 한 것임.

최근 전 세계적으로 녹색 성장 및 미래 성장 동력의 핵심으로 지능형 전력망을 선정하고, 기술 선점 및 자국의 에너지 안보를 위해 급속히 사업화가 진행되고 있다. 특히 우리나라, 미국, 유럽, 일본 등지에서는 정부주도로 신속한 움직임을 보이고 있다.

지능형 전력망은 기존 전력망 운영 기술과 정보 기술을 접목하여 에너지를 절약하고, 비용을 줄이며, 신뢰도를 높여 보다 안정적인 전력 공급을 위한 새로운 형태의 전력망이다. 지능형 전력망은 신재생 에너지의 이용 비율을 높여 지구 환경 문제 극복에 일조하고, 자동화된 송·배전을 통해 보다 안정적으로 고품질의 전기를 사용자에게 공급하며, 실시간 과금 체계를 통해 사용자에게 요금 절약 효과를 제공할 수 있고, 사용자의 요구를 반영하여 사용자에게 더 많은 이익 창출 기회를 제공한다. 또한 국가적으로 산업 활성화, 수출증대, 직업 창출을 통해 경기 부양 및 국가 성장에 새로운 원동력이 될 수 있는 분야다.

이렇듯 우리에게 유용한 지능형 전력망이지만, 정상적으로 운용되지 않을 경우에는 국가 전반에 걸쳐 큰 피해를 유발할 수 있다. 지능형 전력망의 정지 및 작동 불능은 전국에 정전 사태를 야기할 수 있고, 이러한 정전현상이 신속하게 복구하지 못할 경우 심각한 국가 혼란이 초래될 수 있다. 정보기술이 전력망과 융합되면서 전력망이 외부 통신망과 연결되어, 사이버 침해공격에 노출되면 상기와 같은 사이버 위협이 현실로 나타날 수 있다.

특히 지능형 전력망을 구축하기 위해서는 최종 사용자의 기기, 송·배전 선로상의 센서, 발전 및 변전 설비에 설치된 센서 등으로부터 필요한 정보를 획득해 상황을 자율적으로 판단하고, 판단된 결과에 따라 스스로 필요한 조치를 내려야 하는데, 이 과정에서 잘못된 장치 및 센서에 의해 수집된 악성 정보가 지능형 전력망 자체를 작동 불능하게 만들거나, 전력망 내부에 고장을 유발하게 하여 제어가 불가능한 상태로 만들면 대형 사고로 이어질 수도 있다. 더불어 사용자의 전력 사용 정보를 수집하는 AMI(Advanced Metering Infrastructure) 또는 AMR(Automatic Meter Reading) 환경은 지능형 전력망의 핵심 운영 시스템 및 관리 시스템과 연계될 수 있어, 공격자에게는 좋은 침투 경로가 될 수 있다.

02
지능형 전력망

1) 개요

    지능형 전력망은 전력망에 정보통신 기술을 접목한 새로운 형태의 전력 운영시스템이다. 기존의 전력 공급시스템은 발전소에서 가정에 이르기까지 일방향으로 구성되었지만, 지능형 전력망은 전력 공급을 위해서 전력 공급시스템과 사용자가 양방향으로 의사소통하는 시스템이다. 공급자는 실시간으로 전력 사용정보를 제공하여 사용자의 의사에 따라 전력 사용 시간과 양을 제어할 수 있게 한다. 즉, 각 가정의 개별 전자제품의 전력 소모량과 이로 인한 탄소배출량 등을 사용자가 직접 확인할 수 있게 된다.

지능형 전력망 환경에서는 각 가정과 건물이 실시간으로 에너지 사용량을 확인할 수 있어 언제 사용량이 폭증하며 어느 시간 때에 사용량이 줄어드는지를 확인할 수 있다. 또한 태양광 패널·연료전지·배터리 시스템 등 분산된 에너지 공급원을 활용해 전력 사용 피크 때를 대비해 미리 에너지를 확보할 수 있으며 연료전지 및 소형 발전기 등을 상황에 따라 자동적으로 가동할 수 있도록 해 준다. 이를 위해서 수요가 폭증할 때 가동되는 에너지 집약 설비의 가동을 차단하거나 늦추는 등의 수요 절감기술을 활용하기도 한다.

지능형 전력망 환경은 기존에 단순히 전력 소비만을 하던 소비자가 자신의 상황에 따라 전기를 공급하는 소규모 공급자가 될 수도 있게 한다. 태양광 발전으로 축전된 전기를 공급할 수 있도록 하는 분산전원 기술, 전기 자동차에 충전된 전력을 수요 피크 시 사용하거나 전력망에 되파는 'V2G(Vehicle-to-Grid)' 기술 등이 이러한 생각을 가능하게 한다.

<그림 1>은 지능형 전력망의 개념도를 나타내는 것으로 스마트 가전, 스마트 빌딩, 스마트 주택, 수요 관리, 지능형 센서, 전력 저장장치 등의 구성요소가 양방향 통신을 통해 지능형 전략망의 개념을 구체화한다.

2) 도입배경

지능형 전력망은 다양한 목적에 의해 연구 개발이 시도되어 왔다. 지능형 전력망은 유럽, 미국, 한국 등 8개국에서 연구 개발을 추진 중이다.

유럽의 경우 신재생 에너지 자원을 활용한 전력원이 발달하면서 이를 최대한 활용하기 위한 계통운영 시스템이 필요하게 되었고 이를 위해 지능형 전력망을 연구하기 시작하였다.

미국은 다양한 중소규모 정전 사태에 대응하고 노후한 설비의 최신화 및 디지털화를 꾀하기 위해서 지능형 전력망 연구를 수행하기 시작하였다. 특히 미국의 경우 2003년 발생한 북동부 대규모 정전사고로 인해 지능형 진력망 연구에 더욱 박차를 가하게 되었다.

우리나라는 에너지·환경 문제와 그린산업 육성과제를 해결하기 위한 수단으로서, 또한 향후 새롭게 열리고 있는 지능형 전력망 세계시장을 선점할 수 있는 대표산업으로 육성하기 위하여 추진하고 있다.

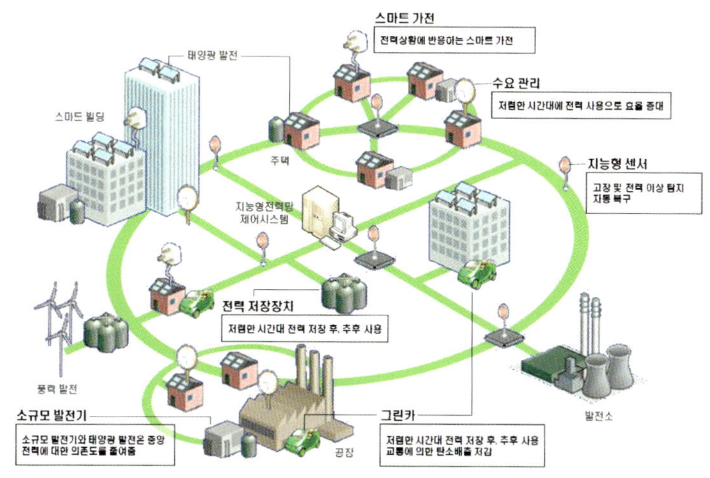

〈그림 1〉 지능형 전력망 개념도

3) 기술동향

현재 미국에서는 에너지부의 지원 하에 EPRI(Electric Power Research Institute)에서 연구 중인 인텔리 그리드와 GridWise™ Alliance에서 개발 중인 그리드 와이즈 등이 연구되고 있다.

EPRI의 인텔리 그리드에는 전체 지능형 전력망을 구성하기 위한 아키텍처 개발, 분산전원기술, 지능형 배전기술, 고속 계통 시뮬레이션 및 모델링 기술, 사용자 지원환경 등에 대한 연구 개발이 포함되어 있다. 또한 이산화탄소 포집 및 저장기술, 하이브리드 기술 개발 등의 연구가 진행되고 있고, 전력발전, 전송에서부터 환경, 안전, 건강 문제 등을 포함한 전력에너지와 환경기술 전 영역을 다루고 있다.

GridWise™는 에너지부의 배전분야 부서에 의해 설립되었으며, 여러 전력 회사의 대표자들로 이루어진 GridWise Alliance로 구성되어 있다. 정기적으로 회의 및 성과 보고를 통해 기술 교류를 꾀하고 있으며, 인터넷을 통해 GridWise 전자 신문 및 보고서 등을 공개하고 있다. 사업자 및 일반 시민들도 이런 정보에 쉽게 접할 수 있다.

또한 미국의 엑셀에너지는 콜로라도 주 볼더 시를 지능형 전력망 도시로 만드는 프로젝트를 추진하여, 현재 볼더 시에는 AMI를 비롯해, 사용자가 전력 소비 정보를 확인할 수 있는 웹 포털, 가정에서 태양광을 통해 발전된 전기를 사용하거나 다시 되파는 환경 등을 제공하고 있다.

대학에서도 지능형전력망 관련 연구가 활발히 진행 중이다. UC Berkeley의 CITRIS는 에너지 효율, 수송, 지진 안전, 교육, 헬스케어, 그리고 환경 등의 연구를 실용화시키기 위해 노력하고 있으며, 특히 전력 수요응답 제어에 대한 연구를 수행하고 있다. University of Illinois at Urbana Champaign에서는 분산전원을 실제로 구현할 때 직면할 수 있는 문제점 중 하나인 계통연결문제의 해결방안과 새로운 분산전원 기술에 대해 연구하고 있다.

국내에서는 2005년부터 진행 되어온 전력IT 10대 과제가 사실상 지능형 전력망의 전초가 되고 있고, 10대 과제의 핵심 기술들은 실제 지능형 전력망 환경에서 요구하는 지능화된 전력계통 운영 기술을 포함하고 있다. 그러나 분산 전원 기술 및 사용자와의 양방향 의사소통을 위한 환경, 사용자 요구 수용 및 대응 등에 대한 연구가 부족하다. 특히 전력 계통 운영 시스템의 사이버 공격에 대한 보안 기술 연구가 전혀 고려되지 않고 있는 실정이다.

4) 정부정책 및 추진전략

미국은 지능형 전력망에 대한 국가 차원의 종합 개발계획 수립 및 정책을 제시하고 있다. 언제 어디서나 풍부하고 저렴하면서도 깨끗하고 효율적이며 믿을 수 있는 전력을 누구든지 이용할 수 있는 환경을 실현하기 위해 2003년 Grid 2030이라는 전력시스템에 대한 최초의 국가비전을 수립하였으며, 2004년 National Delivery Technology Roadmap을 통해 비전을 현실화하기 위한 기술 로드맵을 제시하였다. 2007년 Modern Grid 프로젝트를 통해 Grid 2030의 비전을 9개 항목으로 구체화하였다. 2007년에는 에너지 안보법(Energy Independence and Security Act of 2007; EISA 2007)을 제정하였다. 이 법안은 지능형 전력망, 에너지 안보, 에너지 절약 등과 관계된 연구 개발 및 시장 적용을 유도하는 내용이다. 2009년에는 에너지부 표준화 사업을 통해 지능형 전력망 산업 전반의 표준을 작성하고 있다. 2009년 오바마 행정부는 지능형 전력망을 녹색뉴딜정책의 핵심정책으로 추진하고, 지능형 전력망에 33억 달러 이상 투자계획을 발표하였다.

유럽은 2005년에 유럽기술플랫폼 지능형 전력망을 설립하여 2006년에서 2008년까지 지능형 전력망의 비전 및 연구개발 전략을 수립하고, 5개의 연구 부문에 19개의 세부과제를 선정하여 지능형 전력망 구축을 추진 중이다. 세부과제 내 "운영, 복구, 방어 계획을 위한 아키텍처와 도구"에는 지능형 전력망의 장애 및 외부 공격 대응 방안 연구가 포함되어 있다.

국내에서는 2009년 2월 대통령직속 녹색성장위원회 첫 회의에서 4대 실천과제의 하나로 국가단위의 '지능형 전력망' 구축 비전을 보고하였다. 2009년 3월 녹색성장위원회와 지식경제부가 주최하고, 한국전력이 주관하는 "지능형 전력망·그린카 세미나"를 개최하였으며, "지능형 전력망·그린카 실증단지 및 테마파크"를 2011년 6월까지 조성할 계획을 발표하였다. 또한 지식경제부는 기업, 학계, 연구계, 시민단체가 참여하는 한국형 "지능형 전력망 로드맵 수립 추진위원회"를 구성하여 2009년 11월까지 지능형 전력망 구축을 위한 상세 로드맵을 수립할 예정이다.

국내의 지능형 전력망 추진전략은 기술개발, 로드맵 수립, 국제적 협력을 통해 세계 최초의 국가단위 지능형 전력망을 구축하는 비전을 달성하는 것이다. 기술개발 측면에서는 소비자 전력관리장치 등 조기 기술개발이 필요한 과제를 선정하여 상용화를 추진하며, 로드맵 수립 관련해서는 전문가로 구성된 "지능형 전력망 구축 추진위원회"

를 구성하여 단계적이고 체계적인 구축 전략을 수립한다. 또한 정책 및 기술개발 관련 의견교환을 통해 시행착오를 최소화하고 기술표준 협력을 통해 미국 수출시장 선점기회를 마련하기 위해 지능형 전력 망 추진의 선두주자인 미국과의 전략적 협력을 추진한다. 이러한 지 능형 전력망 추진은 2011년 지능형 전력망 시범도시를 지정하고, 2020년까지 소비자 측 지능화를 완료하며, 2030년에는 총 전력망 지 능화를 완료하는 것을 목표로 하고 있다.

03
지능형 전력망에 대한 사이버보안 전략

본 장에서는 현재의 전력망에 대한 사이버침해 사례를 검토하고, 이러한 사이버침해 사례가 지능형 전력망에 전개되지 않도록 하기 위한 사이버보안 전략을 제안한다.

1) 전력망에 대한 사이버침해 사례

본 절에서는 전력망에 대한 사이버침해 사례에 대해서 소개한다.

2003년 1월, 미국 오하이오에 있는 Davis-Besse 원자력 발전소에서는 슬래머 웜이 거의 다섯 시간 동안 보안 모니터링 시스템을 작동 불능으로 만들었다.

2008년 5월 미국 회계감사원(GAO)에서 최대 전력회사인 TVA社의 발전소 제어시스템을 대상으로 시험한 모의해킹은 인터넷에서 발전소에 침투하여 발전기 조작에 성공하였다. IBM ISS의 연구원 스캇 런스포드가 원자력 발전소 침투 테스트를 하겠다고 제안하자, 원자력 발전소는 인터넷으로 발전소 주요 시설을 접속할 수 없기 때문에 불가능할 것이라고 주장하였으나, 런스포드는 첫째 날 네트워크에 침입했고, 일주일 만에 원자력 시설을 제어할 수 있는 수준의 침투에 성공하였다. 런스포드가 공격한 취약 시스템은 지멘스, ABB, 록웰, 에머슨 등을 포함한 메이저 기업이 제작한 스카다 소프트웨어로 구동되는 시스템인 것으로 밝혀졌다.

2008년 3월, 미국 국토안보부가 아이다호 국립연구소와 제어시스템에 대한 사이버공격 실험에서 발전소 제어시스템을 해킹하여 발전기 가동 사이클을 변경함으로써 발전기파괴에 성공하였다.

2008년 3월, 미국 조지아 해치 핵발전소에서 운영 중인 시스템에 소프트웨어 업데이트 후 48시간 동안 발전소 가동이 중지되었다.

2008년 1월, 미국 CIA 수석분석가는 "Process Control Security Summit"에서 사이버 공격으로 여러 국가에서 정전 사태가 발생했다고 발표했으며, 인터넷을 통한 침입을 주원인으로 추정하였다.

2009년 4월 미국 정부공인 규제 기관은 전력회사들이 전력 시스템 사이버 공격 취약점의 정확한 분석에 실패했다고 결론 내렸다. 몇몇 보안전문가들은 러시아, 중국 등지에서 전력 시스템의 컴퓨터에 침입 시도가 있었음을 연방정부가 감지했다고 언급하였다.

2009년 4월 사이버 스파이가 미국 전력 시스템에 침투하여 시스템을 파괴할 수 있는 악성프로그램을 설치한 것이 발각되었다고 국가

안보담당 공무원이 밝혔다. 스파이는 중국, 러시아 등의 출신으로 미국 전력 시스템을 돌아다니며 조작하는 것이 목표였다.

2009년 3월 CNN등 주요 외신들에 따르면 미국 보안 컨설팅 업체인 IOActive社는 수년간 스마트 그리드 기기들에 대해 보안성을 점검한 결과 해커들이 간단한 해킹 기술로 네트워크에 접속, 전기 공급을 중단할 수 있는 것을 확인하였다.

2009년 3월 FBI는 미국 텍사스 전력회사의 퇴직한 직원에 의해 컴퓨터 침입이 발생했다고 발표하였다. 컴퓨터 침입에 의해 회사 에너지 예측 시스템에 문제가 발생하였으며 26,000달러 이상의 손해를 입었다. 해고된 직원은 Comanche Peak 핵발전소를 포함한 발전소 관리 시스템의 개발자였으며, 해고 당일 자신의 VPN 계정을 이용해 회사 시스템으로 들어가 내부 자료를 자신의 메일로 전송하고, 파일을 수정하거나 삭제했다. 삭제된 파일 중에는 전력 수요 예측에 입력으로 제공되어야 하는 데이터가 포함되어 있었으며, 이에 따라 2009년 3월 4일자 예측 자료를 생성할 수 없어 댈러스 전력 시장에 전기를 팔 수 없었다.

국내의 전력망에 대한 사이버침해 사례는 현재까지 공개된 내용은 없다. 그러나 국내의 전력망도 관련 기관 간 정보교환 및 사업상 필요성으로 인하여 인터넷과 연결된 구간이 있을 수 있고, 그로 인한 사이버침해 발생 가능성이 있으므로 미리 대비해야 한다.

이상에서 제시한 전력망과 지능형 전력망 구성요소에 대한 사고사례의 시사점을 분석하면 다음과 같이 요약할 수 있다.

첫째, 전력망은 폐쇄망으로 운영된다는 일반 상식과는 다르게, 전력망이 인터넷과 연결되어 인터넷을 통한 웜·바이러스의 감염, 해커의 침입이 가능하였다. 이는 전 세계 어느 곳에서나 인터넷을 통해 전력망을 공격할 수 있음을 시사한다.

둘째, 전력망의 주요 제어시스템에서 사용하는 소프트웨어 문제로 인해 운영이 중지되었다. 이러한 사례는 제어시스템의 소프트웨어가 해커에 의한 공격으로 문제를 유발할 수 있으며, 이로 인한 전력망 운영이 중지될 수 있음을 시사한다.

셋째, 지능형 전력망의 필드 기기들에 대한 사이버보안이 고려되지 않아, 해커에 의해 쉽게 공격을 받을 수 있다.

넷째, 퇴사한 직원 및 내부 직원에 대한 보안관리 미흡으로 인하여 문제가 발생할 수 있으며, 이에 대한 대책이 필요하다.

다섯째, 해커의 공격 대상이 국가 혼란을 유도할 수 있는 파급력이 큰 전력망 등의 제어시스템으로 이동하고 있다.

2) 지능형 전력망 보안 수립 시 고려사항

(1) 지능형 전력망 보안 위협 및 고려사항

지능형 전력망은 현재의 전력망에 비해서 다양한 불확실성 요소들을 지니고 있다. 불확실성 요소들은 지속적인 관찰 및 제어가 힘들어 공격자의 침입 경로가 될 가능성이 높다. 따라서 지능형 전력망의 네트워크는 기존 전력망에서 지니는 보안 위협 외에도 <그림 2>와 같은 요인들에 의해서 더욱 많은 보안 위협이 발생할 수 있다.

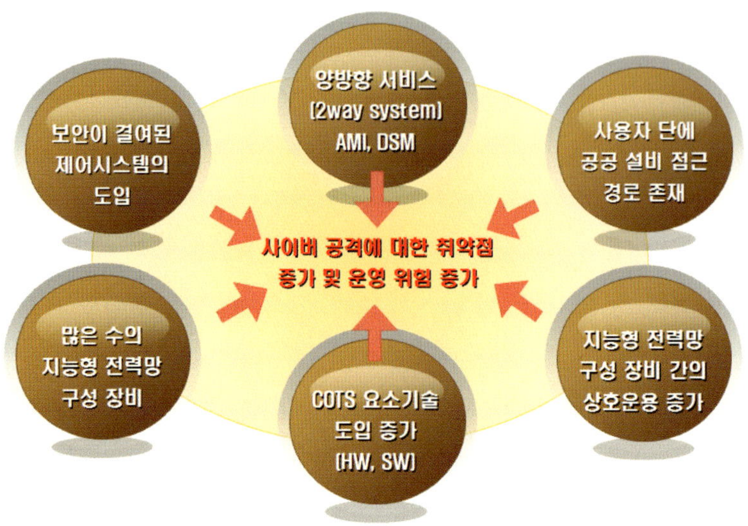

〈그림 2〉 지능형 전력망 보안 취약점 발생 요인

첫째, 지능형 전력망에서는 최종 단말 장치와 내부 운영 시스템 사이의 양방향 정보 교환이 필요하게 된다. 지능형 전력망은 다양한 정보 수집과 요구 사항 수집을 통해 적절한 전력 수급 및 계통 운영을 자동화하여 수행한다. 또한, 필요에 따라 지능형 전력망 운영 시스템에서 최종 단말 장치로 제어 명령 및 정보 제공을 해야 할 필요가 있다. 이를 통해서 효과적으로 AMI(Automated Meter Infrastructure), DSM (Demand-Side Management), 송·배전 관리 등의 시스템을 운영할 수 있다. 그러나 일부 노드에서 제공된 잘못된 상태정보 및 상황정보는 해당 지역의 마이크로 그리드의 안전에 위협을 가하고, 이는 다시 전체 지능형 전력망의 안정성 보장 불가 및 사이버 위협으로 이어질 수 있다는 단점이 있다. 따라서 이러한 문제를 제어할 수 있는 보안 방안 마련이 시급하다.

둘째, 지능형 전력망을 구성하는 시스템 상호 간의 상호 운용성이 증가한다. 급전자동화 시스템(EMS), 송・배전 시스템, 전력 공급 시스템 등 지능형 전력망에 포함된 모든 시스템은 단일 시스템과 같이 유기적으로 동작해야 한다. 이를 통해서 안정적인 전력 공급 및 사고에 대한 신속한 대처를 수행할 수 있다. 그러나 지능형 전력망 내 단일 시스템에서 보안 취약점이 발생하고 이를 통해 사이버 공격이 이루어지면, 이로 인한 피해는 전체 지능형 전력망으로 확산될 수 있다. 특히, 신뢰성 및 보안성이 상대적으로 낮으며, 보안 관제를 독자적으로 수행하기 힘든 독립 전력 공급자 수가 증가하면, 공격자에게는 다양한 공격 침투 경로가 생기게 된다.

셋째, 지능형 전력망에서는 사용자단으로부터 공공 설비로의 접근 경로가 증가하게 된다. 기존의 전력망과는 달리 AMI, DSM 등으로 인해 전력 수요자와 공공설비 및 제어 시스템 사이의 정보 접점이 존재하게 되며, 보안 관리가 엄격하게 이루어지지 않는 이러한 시스템은 공격자에 의해 공격 경로로 활용될 수 있다. 따라서 지능형 전력망의 안전한 사용을 위해서 이 구간에 대한 보안 대책을 세워야 한다.

넷째, 지능형 전력망 역시 정보기술이 복합된 전력망의 일종이므로 반드시 제어시스템이 포함되어야 한다. 지능형 전력망은 기존의 전력망과는 달리 중앙 집중 방식 운영이 아닌 분산된 운영 구조를 지닌다. 따라서 마이크로 그리드를 위한 EMS, 배전을 위한 EMS 등 다양한 환경에 대한 EMS가 필요하다. 그러나 현존하는 대부분의 제어 시스템은 사이버 보안에 대한 고려 없이 개발되었고, 이로 인해 다양한 보안 취약점을 내재하고 있어 보안 위협이 크다. 지속적으로 보고되고 있는 전 세계 다양한 제어시스템 해킹 관련 사례 발표, 보안 기술 연구, 취약점 보고 등이 이를 뒷받침한다. 따라서 이에 대한 보안 대책이 필요하다.

다섯째, 지능형 전력망 환경에서는 이미 개발되어 사용되고 있는 상용기술을 지능형 전력망 환경에 적합하게 수정하여 사용하는 경우가 증가할 것이다. 지능형 전력망은 기존 전력망 기술과 정보통신 기술의 융합을 통해서 개발되므로 기존에 개발된 상용 정보통신 기술이 많이 도입된다. 특히 통신 및 소프트웨어 기술 등이 이에 해당한다. 하지만 상용 정보통신 기술에 현존하는 다양한 사이버 보안 위협이 곧 지능형 전력에서의 사이버 보안 위협으로 이어질 수 있다. 따라서 상용 정보통신 기술이 전체 지능형 전력망의 사이버 보안 취약성을 증가시키지 않도록 해야 한다. 이를 위해서 다양한 보안 기능 요구사항을 명확히 정의할 필요가 있으며, 상용 장비 및 소프트웨어는 이러한 요구사항을 정확히 지킬 수 있도록 개선되어야 한다.

여섯째, 지능형 전력망은 정적인 네트워크가 아닌 지속적으로 그 형태가 변화하고 규모가 증가하는 네트워크 구조다. 새로운 소비시설, 도시, 대규모 수용가 등의 발생으로 스마트 그리드의 규모가 증가할 수 있고, 재개발, 대규모 이주 등으로 인해 그 형태가 변화할 수 있다. 따라서 각 시스템 및 장치에 대한 보안 위협 관리가 체계적으로 이루어지기 힘들다. 그러나 관리되지 않은 장치 및 시스템은 곧 보안 침입의 경로가 될 수 있으며, 이는 전체 지능형 전력망의 보안 위협 증가에 큰 몫을 하게 된다.

(2) 지능형 전력망 네트워크 구성상 보안위협 및 고려사항

<그림 3>은 지능형 전력망 네트워크를 기능 단위로 나타내고 있다.

우선 전체 전력 계통에 연계된 핵심 전력 공급 설비들을 관리하고, 다양한 재생에너지원 및 소규모 전력 공급원들을 적절히 제어하기 위한 제어 네트워크가 존재한다. 또, 소비자로부터 전기 사용량, 현재 상태 등의 다양한 정보를 수집하고, 필요한 정보를 전달하기 위한 정보 네트워크가 존재한다. 더불어, 한전, 전력거래소, 각 전력사들을 위한 각각의 내부 업무 네트워크도 존재한다.

네트워크를 통해서 수집되는 대부분의 정보는 제어 시스템이 활용하여 전력계통의 안정적인 운영에 활용하게 되므로 정보 네트워크와 제어 네트워크는 일정 구간에서 연동되어 서로 데이터를 주고받아야 한다. 더불어, 내부 업무를 위해서 다양한 통계 자료와 예측 자료는 제어 시스템이 수집·분석·관리하고 있는 다양한 정보를 활용해야 하므로 두 네트워크도 특정 인터페이스를 이용해 연계구간이 존재하게 된다. 그런데 정보 네트워크의 최종 말단은 각 사용자의 계측장치로 연결되어 있고, 이는 물리적으로나 논리적으로나 안전하게 보호되고 있지 않다. 또한 내부 업무망도 메일, 웹서비스 등의 다양한 목적으로 외부 인터넷 망과 연동되어 있다. 따라서 <그림 3>에서 보는 지능형 전력망을 위한 네트워크는 외부 공격과 침입에 안전하다 할 수 없고, 이는 다양한 사이버 공격의 통로로 활용될 수 있어 안전한 지능형 전력망 사용에 큰 위협이 될 수 있다.

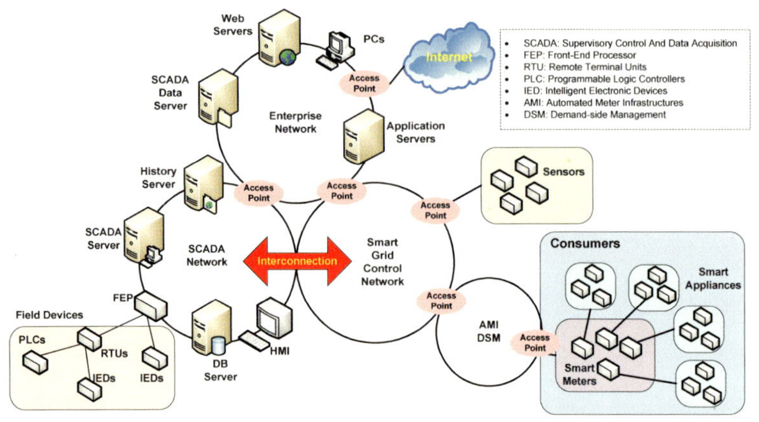

〈그림 3〉 지능형 전력망 네트워크 구성 개념도

3) 지능형 전력망 사이버보안 요소기술

본 절에서는 제시된 다양한 보안 위협 증가 요인들을 적절히 제어
하기 위해서 앞으로 개발될 지능형 전력망에 필요한 사이버보안 요
소기술을 살펴보고자 한다. 이를 위해서 본 보고서에서는 지능형 전
력망을 구성하는 요소를 필드 장치(field devices), 통신 프로토콜, 지능
형 전력망 운영 제어시스템 등으로 나누고 각각에 대한 사이버보안
요소기술을 정리하였다.

(1) 필드 기기(field devices) 보안 요소기술

① 필드 기기의 보안 위협

지능형 전력망에서는 신속하고 안정적인 전력수급을 위해서 정보
를 수집하고 전력계통망을 제어하기 위한 말단 제어기기가 송·배전

선로 전체에 설치된다. 또한 각 가정에 설치된 지능형 미터기도 제어 시스템과 연계되어 필요한 정보를 주고받는다. 이러한 장치들은 넓은 지역에 산재해 있어 일일이 물리적으로 보호되기가 힘들다. 따라서 공격자가 물리적인 침입을 통해서 쉽게 기기의 권한을 획득하거나 공격자가 만든 유사 말단 제어기기를 지능형 전력망에 설치할 수 있다. 게다가 지능형 미터기는 보안이 취약한 가정에 설치되어 홈 네트워크와 함께 연동되므로 공격자에게는 더욱 쉬운 침입 경로가 될 수 있다. 또한 정보 네트워크 선로도 공격자가 물리적으로 접근하기 쉬운 위치에 있으며, 이에 대한 관리가 어려운 실정이다.

예를 들어 <그림 4>와 같이 공격자가 배전 선로에 설치된 여러 센서를 자신이 만든 잘못된 정보를 보내는 센서로 교체하고, 해당 선로에 문제가 생겼음을 인지할 수 있는 정보를 지속적으로 제어시스템에 보고할 경우, 실제 상황과는 관계없이 제어 시스템은 해당 선로의 전원 공급을 차단하는 명령을 내리게 된다. 이로 인해 주변 지역은 전원 공급이 차단되어 정전 사태를 겪게 되고, 이는 큰 손실로 연결된다. 이러한 취약점은 심각한 보안 위협 중 하나며, 이를 사전에 차단·제거하지 못할 경우 지능형 전력망 기술은 양날의 검과 같은 존재가 될 수 있다.

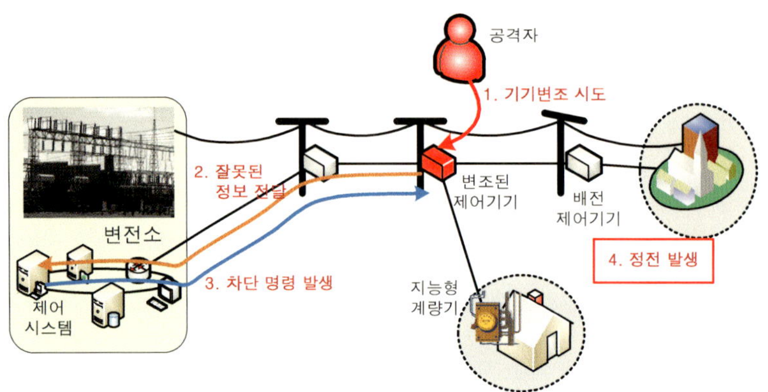

〈그림 4〉 배전 제어기기 해킹을 통한 전력망 오작동

또한 기존 전력망의 경우 한정된 지역에 설치·운영되었지만 스마트 그리드는 수용가까지 정보교환을 위한 네트워크가 설치되므로 공격자가 손쉽게 지능형 전력망의 정보네트워크에 물리적으로 접근할 수 있다. 공격자는 탭핑(tapping)을 통해서 통신회선에 접근하여 정보를 획득할 수 있다. 메시지가 암호화되어 있다 하여도 통신을 위한 헤더는 암호화되지 않은 경우가 대부분이므로 이를 통해서 공격자는 많은 정보를 파악할 수 있다.

② 인증을 통한 말단 기기 보호

앞서 밝힌 다양한 물리적 보안의 취약함에서 기인하는 문제들을 해결하기 위해서 최우선적으로 각 단말기기에 대한 인증이 필수적으로 이루어져야 한다. 통신을 수행하는 두 주체 기기는 반드시 상호 인증 메커니즘을 수행한 후 통신 연결을 진행하거나, 통신 연결과정에 기기 상호 인증 메커니즘을 병행할 수 있도록 해야 한다. 이를 통해서 공격자가 설치한 잘못된 기기로부터 발생하는 모든 이벤트가 무효화될 수 있다. 지능형 전력망에 존재하는 수많은 제어기기 및 정보 수집 장치들 사이의 인증을 위한 키 분배 및 관리 메커니즘의 개발은 상당히 어려운 문제가 될 것이다. 이를 해결하기 위해서 지능형 전력망에 적합한 공개키 기반 구조(Public Key Infrastructure; PKI)를 개발하는 것도 하나의 대안이 될 수 있다. 각 제어기기의 컴퓨팅 성능이 높지 않으므로 복잡한 검증 구조를 간단히 하고, 많은 계산량을 줄이는 방안도 고민되어야 할 것이다.

③ 접근제어를 통한 자원 오·남용 제어

지능형 전력망에 존재하는 모든 기기 및 사용자는 네트워크를 통해 정보를 주고받으며, 상황에 따라 제어 명령을 수행하게 된다. 이러한 정보 및 제어 명령은 개인정보보호 및 지능형 전력망 자체의 안전성을 위해서 철저하게 제한된 사용자에게만 허락되어야 한다. 따라서 지능형 전력망에서 각 시스템이 지닌 모든 자원 및 정보를 활용할 수 있는 권한을 세분화하고, 최소의 사용자에게 사용자 권한을 분배해야 한다. 이를 통해서 아무리 정당한 사용자라 할지라도 필요 권한이 없으면, 해당 자원 및 정보에 접근할 수 없도록 해야 한다.

④ 기기 및 통신 선로 보호

공격자가 각 배전 선로에 설치된 기기를 공격하여 암호정보 및 인증정보를 임의로 획득하거나, 공격자가 임의로 해당 기기를 변조할 수 없도록 변조방지(anti-tampering) 기술을 개발하고, 이를 각 기기에 적용해야 한다. 기존의 변조방지 기술은 대부분 변조를 시도할 경우에, 기기에 포함된 정보를 말소시키는 유형이 많았다. 그러나 지능형 전력망의 경우 안정적인 전력 공급이라는 큰 목적에서 보았을 때 정보 제거는 해결책이 될 수 없다. 정보 제거 후에는 해당 기기는 다른 기기와 통신이 불가능하고, 이는 곧 지능형 전력망 운영에 차질을 발생시키기 때문이다. 따라서 변조시도에 대한 탐지, 보고 그리고 대응 기능이 하나의 시스템으로 동작할 수 있도록 개발할 필요가 있다.

더불어 태핑(tapping)에 의한 정보 유출 및 그에 의한 2차 공격을 막기 위해 물리적인 암호 통신을 수행할 수 있도록 단대단(end-to-end) 암호 통신 장치를 개발해야 할 것이다.

(2) 제어 프로토콜 보안 요소기술

① 제어 프로토콜 보안 위협

지능형 전력망은 다양한 역할을 담당하는 시스템들이 상호 작용하며 사용자에게 효율적이고 안정적인 전력공급을 담당한다. 이를 위해서는 다양한 시스템들 사이에 상호 작용을 돕거나 제어 기능을 수행할 수 있도록 하는 통신 프로토콜이 필요하다. 현재의 전력망은 이러한 상호 정보 교환 및 제어 명령 전달을 위해서 <표 1>과 같은 프로토콜들을 사용하고 있다. 지능형 전력망 역시 다양한 역할을 담당하는 시스템들이 상호운용성 보장 및 서비스 운용을 위해서 이와 같은 프로토콜을 사용할 것이다. 특히 DNP와 ICCP는 지능형 전력망 환경에서 널리 고려되고 있는 프로토콜이다.

〈표 1〉 제어 시스템에서 사용하는 제어 메시지 교환 프로토콜

프로토콜	설명	전력망 내 사용범위	관련 표준	보안성
DNP (Distributed Network Protocol)	제어장치와 제어센터 사이의 메시지 상호 전달을 위한 프로토콜로 마스터-슬래이브 개념으로 동작	말단 제어기기와 제어 시스템 간 정보 교환 및 제어 메시지 전달 예) EMS ↔ RTU	IEC 60870-5	보안기능 없음.
ICCP (Inter-Control Center Communications Protocol)	제어센터 간 통신을 위한 응용계층 프로토콜로 서버-클라이언트 개념으로 동작	제어시스템과 변전소 사이의 정보 교환 예) EMS ↔ RCC	IEC 60870-6	보안기능 없음.
Modbus	단일 마스터가 여러 개의 하위 클라이언트들을 제어하며, 전형적인 마스터/슬래이브 형태의 폴링(polling)방식 프로토콜	다양한 시설 제어분야에 활용	산업표준	보안기능 없음.

<표 1>에서 보는 바와 같이 각 프로토콜들은 현재 보안성이 전혀 고려되고 있지 않다. 보안성이 고려되지 않은 이유는 전력망 제어 시스템이 일반 네트워크와 분리되어 있어 안전하다는 생각 때문이다. 하지만 지능형 전력망 사용 환경이 되면 사용자정보 및 소규모 분산 전원 등과 같은 정보를 교환해야 하므로 통신 연계점이 생기게 되고, 이 경우 보안에 취약한 현재 프로토콜들은 공격자의 침투 경로로 사용될 수 있다.

보안 기능이 없는 프로토콜을 사용할 경우 공격자가 메시지를 중간에 가로채서 정보를 획득할 수 있고, 가로챈 메시지를 재사용해 잘못된 제어 명령을 내릴 수도 있다. 또한 메시지에 대한 인증 기능을 수행하지 않을 경우 제어 센터의 서버로 가장하여 모든 말단 제어기기를 공격자 의도대로 제어할 수 있다. 더 나아가 공격에 대한 보호 메커니즘이 존재하지 않으므로 공격자는 말단 제어기기를 가장해 악

성코드를 전송하는 방법을 통해 손쉽게 서버에 침투하여 관리자 권한을 획득할 수 있고, 이는 곧 전체 제어네트워크를 공격자가 원하는 대로 제어할 수 있음을 의미한다. 또한 메시지 인증 및 세션 관리를 수행하지 않음으로 인해 공격자에 의한 메시지 플러딩(flooding) 방식의 분산 서비스 거부 공격(Distributed Denial-of-Service attack; DDoS)도 위협의 대상이 된다.

② 제어 프로토콜 기밀성 및 무결성 보장

보안기능이 없는 제어프로토콜에서 발생할 수 있는 다양한 외부위협을 해결하기 위해, 현재 활용되고 있는 각 통신 프로토콜에 메시지 암호화 및 인증 기능을 수행할 수 있는 메커니즘을 개발할 필요가 있다. 각 기기들은 송신되는 메시지에 대해서 암호화 및 메시지 인증자(authenticator) 기능을 추가하고, 메시지를 수신하는 기기들은 인증자 검증 및 복호화를 통해서 메시지를 검증하도록 해야 한다. 이러한 암호화 및 인증 환경을 개발할 때, 암호키 및 인증키를 교환하기 위한 단계에서 발생할 수 있는 중간자공격 (man-in-the-middle attack) 대응 메커니즘이 고려될 수 있다.

③ 네트워크 가용성 보장

메시지 인증 기법만으로는 해결할 수 없는 DDoS 공격을 막기 위해서는, 잘못된 메시지나 일정패턴으로 반복되는 메시지를 차단하는 메시지 필터링 기법의 도입이 이루어져야 한다. 더 나아가 이러한 문제를 근본적으로 차단하기 위해 네트워크 침입탐지 및 대응 시스템 도입도 고려되어야 한다. 물론 네트워크 침입탐지 시스템을 구동하기 위해서는 효율적인 탐지센서의 위치 선택이 필수적이므로 자동화된 침입탐지 센서 위치 결정 도구에 대한 연구도 이루어져야 한다.

(3) 제어 시스템 보안 요소기술

① 제어 시스템 보안 위협

지능형 전력망에서 제어시스템은 기존 전력망과는 달리 외부 시스템들과 연계가 많아지고 그 종류가 다양해진다. 또한 기존의 전력 생산 및 송전단만 관리하던 정책에서 벗어나 마이크로 그리드를 위한 제어 시스템, 배전 선로를 위한 제어시스템 등이 설치되어 소비자와 가까운 곳까지도 제어시스템의 영향이 미치게 되고 이를 위해서 네트워크를 구성해야 한다. 따라서 기존의 제어시스템 및 네트워크에 비해서 공격자가 침투 경로로 활용할 수 있는 요소가 증가하고 이는 곧 지능형전력망의 위협요소가 된다.

공격자가 제어시스템에 메일, 환경 정보, 장치 정보 등에 바이러스, 웜, 악성코드 등을 유포하고, 이를 통해 제어 시스템에 침입할 수 있다. 이렇게 제어 시스템에 침입한 공격자는 2차로 다른 서버를 공격하거나, 침입한 시스템에 백도어를 숨겨 두고 원격에서 접속하여 원하는 작업을 할 수 있다.

이러한 제어시스템의 보안 필요성 및 보안 요구사항에 적극 대응하기 위해 미국 및 유럽 국가에서는 주요정보기반보호(CIIP)에 대한 연구가 활발하게 이루어지고 있다.

② 보안 관제를 통한 제어시스템 보호

공격자는 현재 전력망에 비해 지능형 전력망에서 손쉽게 제어시스템 외부센서에 접근할 수 있고, 이를 통해 내부로 악성코드 등을 전송할 수 있다. 따라서 이러한 위협으로 인해 발생할 수 있는 네트워크 이상 징후, 기기의 이상 동작, 악성코드 동작, 바이러스 및 웜 등을 조기에 탐지하고 즉각 대응할 수 있는 보안 관제 시스템이 도입되어야 한다. 관제 시스템은 각 기기의 상태 등을 파악할 수 있는 네트워크 관리시스템(Network Management System; NMS)과 연계하여 기기의 이상동작을 단순고장과 침입에 의한 고의적 이상동작 등으로 구분할 수 있어야 한다.

또한 침입방지시스템을 도입하여 네트워크 트래픽 상에 포함된 악성 쉘코드, 유해 트래픽, 잘못된 데이터 등을 사전에 탐지해 안전하게 제어시스템을 보호할 수 있도록 해야 한다.

③ 암호 통신을 통한 제어시스템 보호

각 제어시스템에서는 정보의 안전한 보호를 위해 메시지 암호화 및 무결성 보장을 지원하는 보안 메커니즘을 도입하여야 한다. 이를 통해, 내부자에 의한 정보 유출 및 내부로 유입된 웜에 의한 자료 유출 등을 차단할 수 있고, 내부자에 의해 수행되는 메시지 변조 공격 등을 무효화할 수 있어야 한다.

④ 인증 및 접근제어

각 제어시스템은 다양한 정보를 수집하고, 이를 이용하여 분석된 결과에 따라 제어 기기에게 제어명령을 보낸다. 따라서 제어시스템의 각 기능 및 자원을 누구나 사용할 수 있도록 하는 것은 매우 위험한 일이다. 이는 내부 사용자라 할지라도 동일하다. 따라서 제어시스템을 사용하는 모든 사용자는 인증 시스템을 거쳐야 하고, 세분화된 접근제어 정책을 통해서 인가되지 않은 사용자의 사용을 철저히 제한해야 한다. 이러한 보안정책은기기 보호를 위한 접근제어 정책과 유사히게 역할기반 접근제이 모델을 사용하여 구현할 수 있다.

4) 지능형 전력망과 사이버보안 전략

지능형 전력망에는 3.의 2)에서 기술한 바와 같이 양방향 통신 서비스, 광범위하게 산재된 단말장치 및 구성 장비, 구성 장비 간의 상호 운용성 증가 등으로 현재의 전력망보다 많은 사이버 보안 위협을 포함하고 있다. 현 전력망에서도 3.의 1)에서 기술한 것과 같은 다양한 침해사고가 발생하고 있으나, 지능형 전력망이 구축되면 사이버 침해시도는 더욱 증가될 것으로 예상된다. 따라서 지능형 전력망에 대한 사이버 침해사고에 대응하기 위해서는 체계적 사이버보안 전략을 수립하여, 안전한 지능형 전력망을 구축하여야 한다.

본 절에서는 지능형 전력망의 사이버 보안 위협을 해소하여 안전하고 신뢰성 있는 지능형 전력망 구축을 위한 사이버보안 전략을 법·제도적 측면, 기술개발 측면, 국제적 협력 측면으로 나누어 제안한다.

(1) 법·제도적 측면

지능형 전력망에 대한 사이버 보안 위협을 예방하고 대응하기 위하여 현재 추진 중인 (가칭) 지능형 전력망 촉진법 내에 사이버보안 관련 조항을 포함하도록 한다. 지능형 전력망 촉진법 내에 사이버 공격에 대한 처벌 규정, 사이버 위협에 대한 지능형 전력망의 보호 의무와 책임을 명시함으로써, 지능형 전력망 사업의 초기 단계부터 사이버보안을 고려하도록 한다.

지능형 전력망에 도입되는 기기와 소프트웨어에 대한 사이버 보안 인증 제도를 도입함으로써, 기기 및 소프트웨어의 사이버 보안 취약점을 분석하여 사전 조치함으로써 공격자에 의한 지능형 전력망의 사이버 침입을 예방하도록 한다.

지능형 전력망 표준 수립에 있어서 사이버보안을 중요 요소로 고려하여 지능형 전력망 표준에 포함이 되도록 한다. 표준 수립은 향후 국내 지능형 전력망 관련 제품의 국외 수출과 관련되어 있으며, 특히 사이버보안이 고려되지 않은 지능형 전력망 관련 제품은 국외 수출이 어려울 것으로 판단된다.

그리고 국내 지능형 전력망 로드맵 작성에 사이버보안 분야를 기술 분과에 포함하여, 개발되는 모든 기술이 사이버보안을 고려하여 개발될 수 있도록 해야 한다.

(2) 기술 개발 측면

지능형 전력망의 사이버보안을 위한 기술 개발은 가정 등의 말단에 설치되는 단말장치에서 전력을 제어하는 전력 제어시스템까지를 단계별로 구분하여, 각 단계별 위협에 대응할 수 있는 기술 개발을 추진해야 한다. <그림 5>는 지능형 전력망의 단말장치에서 제어시스템까지를 4단계로 구분하여 지능형 전력망의 추진 전략에 맞추어 각 구간에 적합한 보안 기술 개발을 추진하도록 한다.

먼저 1단계는 단말장치(스마트 미터, 스마트 배전 센서, 스마트 가
전, 전력 저장 장치 등)를 보호하기 위해, 초경량, 저비용, 다기능의
보안 모듈을 개발하여야 한다. 이를 통해 인증, 침입차단, 안전한 통
신 프로토콜 서비스를 제공하여 공격자의 스마트 기기에 대한 탈취
및 임의 조작을 방지하고, 네트워크상에서 정보획득을 방지하도록 해
야 한다.

2단계는 데이터수집 서버(미터정보, 전력 요구정보 등)를 보호하기
위해, 지능형 전력망 통신 프로토콜과 데이터 수집 서버 간의 안전한
통신 환경을 개발하여야 한다. 통신 프로토콜은 지능형 전력망에 최적
화된 기밀성, 무결성, 인증기능을 제공함으로써 공격자가 통신 내용의
열람, 과금 정보의 조작, 불법 기기의 통신 접속을 방지할 수 있다.

3단계는 서비스네트워크(스마트서버, 스마트미터서버) 보안 강화
를 위한 인증 및 접근제어기술을 개발하여야 한다. 지능형 전력망 장
비의 경우 다양하고 광범위한 지역에 분산되어 공격자가 장비를 임
의적으로 네트워크에 설치하고 이를 통해 지능형 전력망으로 접근이
가능하다. 불법적인 장비의 서비스 네트워크 접근을 방지하고 내부자
로부터 사이버 공격에 대응하기 위한 키 관리, 인증체계, 접근제어를
체계적으로 관리·운용하는 기술을 개발해야 한다.

4단계는 전력 제어시스템 보안을 강화하기 위해, 지능형전력망 서
비스네트워크 보안관제기술, 일방향 자료전달기술, 이상 징후 감시
및 제어네트워크 관제기술, 통신보호기술을 개발하여야 한다. 지능형
전력망 서비스네트워크 및 제어네트워크에 대한 이상 징후 감시 및
관제기술 개발을 통해 지능형 전력망에서 발생하고 있는 사이버위협
현황을 분석하고 조기에 대응할 수 있다. 또한 제어망과 서비스망 간

안전한 자료교환을 위한 일방향 자료전달 기술이 필요하며, 네트워크 구간 사이에서 소통되는 정보의 무결성, 기밀성, 인증 기능을 제공하여 비인가 장치를 통한 사이버공격에 대응할 수 있어야 한다.

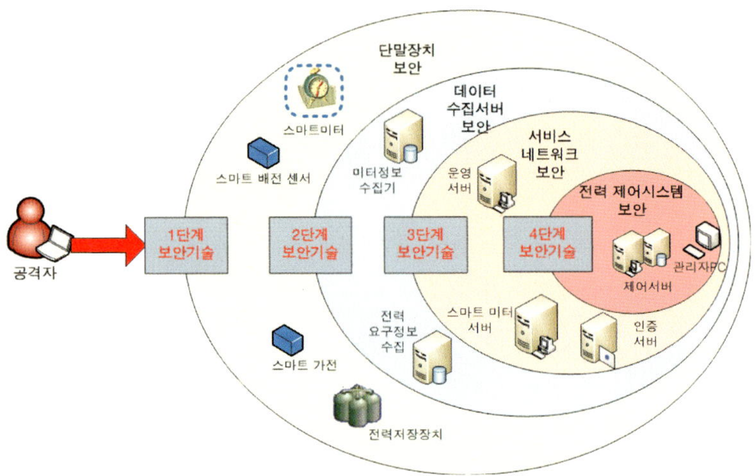

〈그림 5〉 지능형 전력망 Defense-in-Depth 보호체계

마지막으로 모든 단계에 적용 가능한 보안 기술을 개발하기 위해 테스트베드를 구축하여, 지능형 전력망에 적용되는 기기 및 소프트웨어에 대한 취약성을 분석할 수 있어야 한다. 개발된 기기나 소프트웨어의 취약점이 공격자의 침투 경로로 활용되기 때문에 이를 사전에 분석하여 조치함으로써 공격자의 침투 경로를 제거할 수 있다.

(3) 국제 협력적 측면

국내 지능형 전력망의 비전은 세계 최초의 국가단위의 지능형 전력망 구축으로서 이를 통해 지능형 전력망 세계시장을 선점하여 반도체, 조선에 이은 우리나라의 대표산업으로 성장시키고자 하고 있다. 이를 위해 지능형 전력망 기술의 선두주자인 미국 또는 선진국과의 국제적 협력을 통해 국제 표준화를 주도해야 한다. 특히 지능형 전력망 인프라 사이버보안에 많은 관심을 가지고 있는 국가와 기술제휴를 적극 추진하고, 국내 전문가 지식 네트워크 활성화를 통해 지능형 전력망 인프라에 대한 사이버 보안기술 개발과 정책 역량을 높여 나가야 한다.

04
결론

인터넷과 초고속 통신과 같은 IT 기술발전은 20세기 후반부터 인류의 삶을 크게 바꾸어 놓았다. 특히 인터넷 케이블과 전력선 통신 방식의 유사성, 통신 산업과 전력산업의 네트워크 간의 높은 유사성으로 인해 IT와 전력산업의 결합과 융합이 빠른 속도로 진행되고 있다. 현재 미국은 지능형 전력망에 대해 국가 차원의 종합 개발계획 수립 및 정책을 제시하고 있으며, 언제 어디서나 풍부하고, 저렴하며, 깨끗하며, 효율적이며, 그리고 믿을 수 있는 전력을 누구든지 이용할 수 있는 환경을 실현하기 위해 국가비전을 수립하였다. 유럽은 유럽기술플랫폼 지능형 전력망을 설립하여 지능형 전력망의 비전 및 연구개발 전력을 수립하였고, 우리나라도 올해부터 국가단위의 지능형 전력망 구축비전을 작성하여 지능형 전력망 기술개발, 로드맵 수립, 국제적 협력을 추진하고 있다.

그러나 지능형 전력망 구축은 현재의 전력망에 비해서 다양한 불확실성 요소와 보안취약점을 가지고 있다. 불확실성 요소와 보안취약점은 지속적인 관찰 및 제어가 어려워 공격자의 침입경로가 될 가능성이 높다. 따라서 지능형 전력망의 네트워크는 기존 전력망에 지니는 보안위협 이외에도 더욱 많은 보안위협이 발생할 수 있다.

본 보고서에서는 현재 국가 신성장 동력 사업이자, 향후 환경 문제 해결에 큰 역할을 할 지능형 전력망의 보안 위협을 다방면에서 분석하고, 이를 해결하기 위한 보안 요소 기술들을 정의하였으며, 지능형 전력망에 사이버보안을 강화하기 위한 사이버보안 전략을 제안함으로써 다양한 사이버 공격으로부터 안전한 지능형 전력망 구현을 돕고자 하였다.

지능형 전력망은 정보통신 기술의 도움을 받아 고도로 지능화되고 자동화된 전력 운영 시스템이다. 지능형 전력망은 공격자의 사이버 공격에 의해서 네트워크, 제어시스템 등이 장악될 가능성이 있으며, 이러한 우려가 현실화될 경우 전체 국가안보에 큰 위협을 끼치게 된다. 따라서 지능형 전력망 구축에 있어 보안 기술은 반드시 함께 구현되어야 한다. 본 보고서를 통해 차세대 성장동력 산업으로 추진하고 있는 지능형 전력망에 안전한 보안환경이 구현되어, 한국형 지능형 전력망이 세계시장에서 경쟁력을 가진 산업으로 발전하기를 기대한다.

참고문헌

전력IT 사업단, http://www.powerit.re.kr/.

지식경제부 보도자료(2009), 세계최초 지능형 전력망 구축을 위한 상세 로드맵 수립 착수.

A. Battaglini, J. Lilliestam, C. Bals, A. Haas(2008), "The SuperSmart Grid", European Climate Forum.

B. Pfundt(2005), "Smart Grid: Fewer Blackouts, More Greenbacks For The Northwest", Climate Solutions Journal.

CIA: Hackers demanding cash disrupted power, http://www.msnbc.msn.com/id/22734229/.

CITRIS, http://www.citris-uc.org/.

Cyber Incident Blamed for Nuclear Power Plant Shutdown.

DNP Users Group(2005), "A DNP3 Protocol Primer."

D. von Dollen(2005), "IntelliGrid Consumer Portal Telecommunications Assessment and Specification", EPRI Technical Report.

Electricity Grid in U.S. Penetrated By Spies, http://online.wsj.com/article/SB123914805204099085.html.

Electric Utilities May Be Vulnerable to Cyberattack, http://www.washingtonpost.com/wp-dyn/content/article/2009/04/08/AR200904 0803904.html?referrer=emailarticle.

E. W. Gunther, A. Snyder, G. Gilchrist, D. R. Highfill(2009), "Smart Grid Standards Assessment and Recommendations for Adoption and Development", Technical Report, EnerNex Corporation.

European Technology Platform SmartGrids(2007), Strategic Research Agenda for Europe's Electricity Networks of the Future.

European Technology Platform SmartGrids(2006), Vision and Strategy for Europe's Electricity Networks of the Future.

F. Sissine(2007), "Energy Independence and Security Act of 2007: A Summary of Major Provisions", CRS Report for Congress.

GAO(Government Accountability Office)(2004), Critical infrastructure protection: Challenges and efforts to secure control systems(GAO-04-354).

Grid2030 vision, http://www.oe.energy.gov/smartgrid.htm.

http://www.etnews.co.kr/news/detail.html?id=200903240003.

http://www.forbes.com/2007/08/22/scada-hackers-infrastructure-tech-security-cx_ag_08
22hack.htm.

http://www.wired.com/threatlevel/2009/05/efh/.

IEC TC57 WG7, "Telecontrol Equipment and Systems－Part 6-505: Telecontrol
Protocols Compatible with ISO Standards and ITU-T Recommendations－
TASE.2 User Guide", IEC TR 60870-6-505, 2006.

J. Tomic, W. Kempton(2007), "Using Fleets of Electric-drive Vehicles for Grid
Support", Journal of Power Sources, Elsevier, Vol. 168, Iss. 2, pp.459~468.

Juniper Networks Inc.(2009), "Architecture for Secure SCADA and Distributed
Control System Networks", White Paper.

K. Moslehi, A. B. R. Kumar, H. D. Chiang, M. Laufenberg, A. Bose, P. Hirsch, L.
Beard(2004), "Control Approach for Self-Healing Power Systems: A
Conceptual Overview", Conference Proceeding, Carnegie Mellon University.

K. R. Nahigian(2008), "The Smart Alternative: Securing and Strengthening Our
Nation's Vulnerable Electric Grid", The Reform Institute.

L. D. Kannberg, D. P. Chassin, J. G. DeSteese, S. G. Hauser, M. C. Kintner-Meyer,
R. G. Pratt, L. A. Schienbein, W. M. Warwick(2003), "GridWiseTM: The
Benefits of a Transformed Energy System", Technical Report, Pacific
Northwest National Laboratory.

M. Abrams, J. Weiss(2008), "Malicious Control System Cyber Security Attack Case
Study–Maroochy Water Services, Australia", Report, NIST Computer
Security Division.

Modbus IDA(2006), "Modbus Application Protocol Specification V1.1b", Technical
Report.

Mouse click could plunge city into darkness, experts say,
http://edition.cnn.com/2007/US/09/27/power.at.risk/index.html.

M. Suter(2007), "A Generic National Framework For Critical Information
Infrastructure Protection (CIIP)", Research Paper, Center for Security
Studies, ETH Zurich.

NETL(2007), "A Vision for the Modern Grid", The NETL Modern Grid Initiative,
National Energy Technology Laboratory.

Office of Electricity Delivery and Energy Reliability, "The Smart Grid: An
Introduction", U.S. Department of Energy.

P. Haase(2005), "IntelliGrid: A Smart Network of Power", EPRI Journal.

Power and Energy Systems, http://energy.ece.illinois.edu/.

R. J. Robles, M. Choi, E. Cho, S. Kim, G. Park, S. Yeo(2008), "Vulnerabilities in SCADA and Critical Infrastructure Systems", International Journal of Future Generation Communication and Networking, pp.99~104.

S. Borenstein, M. Jaske, A. Rosenfeld(2002), "Dynamic Pricing, Advanced Metering, and Demand Response in Electricity Markets", Technical Report, Center for the Study of Energy Markets, University of California Energy Institute.

The Modern Grid Strategy, http://www.netl.doe.gov/moderngrid/.

TVA Power Plants Vulnerable to Cyber Attacks, GAO Finds.

US-CERT(2009), "Control Systems Security Program－Vulnerability Notes", http://www.us-cert. gov/control_systems/csdocuments.html.

UK Department of Trad and Industry(2007), "Meeting the Energy Challenge: A White Paper on Energy", DTI Report, pp.14~15.

U.S. Department of Energy, "Grid 2030: A National Vision for Electricity's Second 100 Years", Report, Jul. 2003.

Xcel Energy Inc.(2008), "Xcel Energy Smart Grid", White Paper.

Y. Wang, B. T. Chu(2004), "sSCADA: Securing SCADA Infrastructure Communications", Cryptology ePrint Archive.

스마트 시대
정보보호 전략과
법 제도 ⓛ
Security Key Issues

초판인쇄 | 2011년 12월 30일
초판발행 | 2011년 12월 30일

공 저 자 | 김범수 외 13명
펴 낸 이 | 채종준
펴 낸 곳 | 한국학술정보㈜
주   소 | 경기도 파주시 문발동 파주출판문화정보산업단지 513-5
전   화 | 031) 908-3181(대표)
팩   스 | 031) 908-3189
홈페이지 | http://ebook.kstudy.com
E-mail | 출판사업부 publish@kstudy.com
등   록 | 제일산-115호(2000. 6. 19)

ISBN   978-89-268-3289-9 93330 (Paper Book)
          978-89-268-3290-5 98330 (e-Book)